일빵빵 + 입에 달고 사는 기초영어 5

일빵빵 +
입에 달고 사는 기초영어 5

초판 1쇄   2015년 8월 3일
초판 51쇄 2023년 1월 13일

저 자 | 서장혁
연구제작 | 일빵빵어학연구소 / 서장혁
펴 낸 이 | 일빵빵어학연구소
펴 낸 곳 | 토마토출판사
표 지 | 토마토출판사 편집부
본 문 | 토마토출판사 편집부
주 소 | 서울특별시 마포구 양화로 161 727호
T E L | 1544-5383
홈페이지 | www.tomato4u.com
등 록 | 2012. 1. 11.

일빵빵

입에 달고 사는
기초영어 5

토마토
출판사

일빵빵은 이를 안타깝게 여겨 새로

일빵빵 입에 달고 사는 기초영어

시리즈를 만드니 컴퓨터나 스마트폰으로

편안하게 어디에서건 언제든지 무료로 영어

에 목마른 모든 이들로 하여금 쉽게 익혀

매일 입에 달고 살게

하고자 할 따름입니다

나랏말쏘, 미

영어와 **많이 달라** 서로 통하지 아니하

므로 글로벌한 시대에 수십 년간 영어

敎育을 받아도 정작 `외국인과 영어로

한마디도 `못하고 차마 입이 떨어지지

않는 사람이 많습니다

구성
construction

1. '넣었다, 뺐다' 이론 정리

모든 영어 회화 문장은 한국어와 달리, 어떤 일정한 위치에 정해진 요소를 상황에 따라 반복적으로 '넣었다, 뺐다' 해 주면 간단히 문장이 완성됩니다. 기초적으로 알아야 하는 문법 요소뿐 아니라 필수적인 회화 문장을 알기 쉽게, 공식화해서 설명해 줍니다.

2. 오늘의 문장

'문장 활용하기' 편에서는 1~4권까지 배운 영어 기본 문장을 이용해서 실제 회화에서 사용할 수 있는 회화 문장을 연습하게 됩니다. 회화는 두 사람간의 대화로서 '질문하기'와 '대답하기'로 이루어집니다. 본 강의에서는 현지 원어민들이 사용하는 실제 회화표현 '질문하기' 방법을 정리하게 될 것입니다. 단, '대답하기' 방법은 상황에 따라 다양한 문장이 나올 수 있으며 기초 과정에서는 다루기 어려워 다음 강의 시리즈에서 제공될 예정입니다.

3. 말 트이기 연습

매 강의마다 각 문장에 해당되는 '말 트이기 연습' 부분이 제공됩니다. 입으로 크게 말하고 직접 문장을 써 보면서 눈으로 기본적인 문장을 익혀 두도록 합시다. 머릿속으로 알아도 쉽게 입으로 나오지 않는 문제점을 해결하는 과정입니다. 회화에서 가장 중요한 순발력을 키워줄 것입니다.

4. PASSPORT(허가증) 및 CERTIFICATE (인증서)

전체 강의가 끝난 후, 마지막 부분에 PASSPORT 총정리가 있습니다. 우리말로 '여권 혹은 허가증'이라는 뜻인데, 5권에서는 전체 과정을 모두 무사히 마쳤다는 과정을 뜻합니다. 이 과정을 무사히 통과하면 '일빵빵 입에 달고 사는 기초영어' 전 5권을 통과했다는 CERTIFICATE(인증서)가 주어집니다. '일빵빵 입에 달고 사는 기초영어 인증서'는 여러분의 그간의 인내와 학습 능력을 인정하는 증서입니다. 끝까지 최선을 다해주시기 바랍니다.

이 책의 목표

문장 활용하기 편

1.

'넣었다, 뺐다' 공식을 통해
기본 문장으로
원어민에게 질문하기를 연습해 본다.

2.

단순 문장과
의문사 문장으로
실제 회화 패턴을 배워 본다.

3.

현지에서
1초 안에 자연스러운 표현으로
바로 질문할 수 있도록 연습한다.

공부하는 방법

일빵빵의 모든 강의는

일빵빵 공식 유튜브 채널을
통해 무료로 들을 수 있습니다.

유튜브 검색창에 "일빵빵"을 검색해서 강의를 청취하세요.

일빵빵 공식 페이스북 | www.facebook.com/ilbangbang
일빵빵 공식 트위터 | www.twitter.com/ilbangbang
일빵빵 공식 인스타그램 | '일빵빵' 검색
일빵빵 공식 유튜브채널 | '일빵빵' 검색

* 새로 추가된 더 많은 강의 청취를 원하시면 Let's 일빵빵 어플을 통해 청취하실 수 있습니다.

입에달고사는기초영어 문장 활용하기 편
C · O · N · T · E · N · T · S

넣었다 뺐다 공식이란?

영어는 기본 틀에서

일정한 자리에

'넣었다 뺐다'만 잘 해주시면

회화 문장을

쉽게 만들 수 있습니다.

영어 때문에

고생하셨던 분들의

기초 영어를 쉽고 확실하게

끝내 드리겠습니다.

믿고 따라오세요.

2014년 겨울   서장혁

121강 [다수질문 : ~해도 될까요?]

Can I + 동사 ?

TIP

121강부터는 이제까지 배운 기본 문장 만들기를 토대로 실제 회화에서 많이 사용되는 '문장 활용하기'를 공부해 본다. 다소 중의적인 의미가 있을 수 있으니 주의하자.

의문사 없이 물어볼 때 해외 현지에서 가장 많이 쓰이는 표현 중 하나가 'Can I + 동사?' 문장이다.

기본 의미는 '제가 ~할 수 있나요?'이지만, 실생활에서는 '능력'을 의미하기보다는 자연스럽게 '~해도 될까요?'라는 허락의 의미로 사용된다.

– Can I have this seat? : 이 자리에 앉아도 될까요?
– Can I use your phone? : 당신 전화 좀 써도 될까요?

~해도 될까요?	동사	의미
Can I	have	가져도 될까요?
	get	얻어도 될까요?
	take	받아도 될까요?
	ask	물어봐도 될까요?
	help	도와줘도 될까요?
	stay	머물러도 될까요?
	borrow	빌려도 될까요?
	speak (to)	통화해도 될까요?
	introduce	소개해도 될까요?
	try (on)	입어 봐도 될까요?

have + a drink?

제가 한 잔 마셔도 될까요?

get + something to eat?

제가 먹을 것 좀 얻어도 될까요?

take + a message?

제가 메시지 받아도 될까요?

ask + a question?

제가 질문해도 될까요?

Can I + help + you with that bag?

제가 그 가방 드는 거 도와드려도 될까요?

stay + here?

제가 여기 머물러도 될까요?

borrow + this book?

제가 이 책 좀 빌려도 될까요?

speak + to Joe?

제가 Joe와 통화해도 될까요?

introduce + myself?

제가 제 소개 해도 될까요?

try + on this jacket?

제가 이 재킷 입어 봐도 될까요?

말 트이기 연습

001. 제가 한 잔 마셔도 될까요?

....

002. 제가 도시 지도 가져도 될까요? * city map : 지도

....

003. 제가 영수증 가져도 될까요? * receipt : 영수증

....

004. 제가 먹을 것 좀 얻어도 될까요?

....

005. 제가 마실 것 좀 얻어도 될까요?

....

006. 제가 메시지 받아도 될까요?

....

007. 제가 한번 봐도 될까요? * take a look : 한번 보다

....

008. 제가 사진 한 장 찍어도 될까요?

....

009. 제가 질문해도 될까요?

....

010. 제가 뭐 물어봐도 될까요?

....

011. 제가 부탁해도 될까요? * ask a favor : 부탁하다

....

012. 제가 그 가방 드는 거 도와드려도 될까요?

....

013. 제가 뭐 찾는 거 도와드릴까요?

....

014. 제가 여기 머물러도 될까요?

....

015. 제가 하룻밤 더 머물러도 될까요?

....

016. 제가 이 책 좀 빌려도 될까요? * borrow : 빌리다

....

017. 제가 Joe와 통화해도 될까요?

....

018. 제가 제 소개 해도 될까요? * introduce : 소개하다

....

019. 제가 당신 제 친구들에게 소개해도 될까요?

....

020. 제가 이 재킷 입어 봐도 될까요?

....

말 트이기 연습 - 해답

001. 제가 한 잔 마셔도 될까요?

Can I have a drink?

002. 제가 도시 지도 가져도 될까요?

Can I have a city map?

003. 제가 영수증 가져도 될까요?

Can I have a receipt?

004. 제가 먹을 것 좀 얻어도 될까요?

Can I get something to eat?

005. 제가 마실 것 좀 얻어도 될까요?

Can I get something to drink?

006. 제가 메시지 받아도 될까요?

Can I take a message?

007. 제가 한번 봐도 될까요?

Can I take a look?

008. 제가 사진 한 장 찍어도 될까요?

Can I take a photo?

009. 제가 질문해도 될까요?

Can I ask a question?

010. 제가 뭐 물어봐도 될까요?

Can I ask (you) something?

011. 제가 부탁해도 될까요?

Can I ask (you) a favor?

012. 제가 그 가방 드는 거 도와드려도 될까요?

Can I help you with that bag?

013. 제가 뭐 찾는 거 도와드릴까요?

Can I help you find something?

014. 제가 여기 머물러도 될까요?

Can I stay here?

015. 제가 하룻밤 더 머물러도 될까요?

Can I stay one more night?

016. 제가 이 책 좀 빌려도 될까요?

Can I borrow this book?

017. 제가 Joe와 통화해도 될까요?

Can I speak to Joe?

018. 제가 제 소개 해도 될까요?

Can I introduce myself?

019. 제가 당신 제 친구들에게 소개해도 될까요?

Can I introduce you to my friends?

020. 제가 이 재킷 입어 봐도 될까요?

Can I try on this jacket?

122강 [다수질문 : (저에게) ~해 주실래요?]

Can you + 동사 + me ?

TIP

122강에서는 상대방과의 관계에서 가장 많이 쓰이는 표현 중 하나로 'Can you + 동사?'
도 알아 두자.

기본 의미는 '당신은 ~할 수 있나요?'이지만, 좀 더 자연스럽게 실생활에서 상대방의 허
락을 구하는 공손한 표현으로 '~해 주실래요?'라는 의미로 더 많이 사용된다.

– Can you get me ~ : ~해 주실래요?

– Can you tell me ~ : ~를 말해 주실래요?

(저에게) ~해 주실래요?	동사	의미
Can you	get me	주실래요?
	tell me	말해 주실래요?
	show me	보여/알려 주실래요?
	bring me	가져다 주실래요?
	let me	~하게 해 주실래요?
	help me	도와주실래요?
	call me	전화해 주실래요?

* let : ~하게 하다

Can you +

get me + a drink?
마실 것 좀 주실래요?

tell me + the time?
지금 시간 좀 말해 주실래요? (지금 몇 시죠?)

show me + the map?
지도 좀 보여 주실래요?

+ the way to the police station?
경찰서로 가는 길 좀 알려 주실래요?

+ how to use this machine?
이 기계 사용하는 방법 좀 알려 주실래요?

* how to + 동사 : ~하는 법

bring me + that box?
저 상자 좀 가져다주실래요?

let me + finish this?
이거 좀 끝내게 해 주실래요?

help me + with this bag?
제가 이 가방 드는 거 좀 도와주실래요?

+ study English?
제가 영어 공부 하는 거 좀 도와주실래요?

call me + back?
다시 전화해 주실래요?

말 트이기 연습

021. 마실 것 좀 주실래요?

....

022. 먹을 음식 좀 주실래요?

....

023. 지금 시간 좀 말해 주실래요? (지금 몇 시죠?)

....

024. 그녀가 어땠는지 말해 주실래요?

....

025. 당신이 언제 도착할 수 있는지 말해 주실래요?

....

026. 식당이 어디 있는지 말해 주실래요?

....

027. 여기가 어디인지 말해 주실래요? * where I am : 내가 있는 곳

....

028. 지도 좀 보여 주실래요?

....

029. 경찰서로 가는 길 좀 알려 주실래요?

....

030. 이 기계 사용하는 방법 좀 알려 주실래요?

....

031. 저 상자 좀 가져다주실래요?

....

032. 물 좀 가져다주실래요?

....

033. 저 좀 들여보내 주실래요? * let someone in : ~를 들여보내다

....

034. 이거 좀 끝내게 해 주실래요?

....

035. 당신 꿈에 대해 알려 주실래요?

....

036. 제가 이 가방 드는 거 좀 도와주실래요?

....

037. 제가 영어 공부 하는 거 좀 도와주실래요?

....

038. 책상 옮기는 거 좀 도와주실래요?

....

039. 다시 전화해 주실래요?

....

040. 택시 좀 불러 주실래요?

....

말 트이기 연습 - 해답

021. 마실 것 좀 주실래요?

Can you get me a drink?

022. 먹을 음식 좀 주실래요?

Can you get me some food?

023. 지금 시간 좀 말해 주실래요? (지금 몇 시죠?)

Can you tell me the time?

024. 그녀가 어땠는지 말해 주실래요?

Can you tell me how she was?

025. 당신이 언제 도착할 수 있는지 말해 주실래요?

Can you tell me when you will arrive?

026. 식당이 어디 있는지 말해 주실래요?

Can you tell me where the restaurant is?

027. 여기가 어디인지 말해 주실래요?

Can you tell me where I am?

028. 지도 좀 보여 주실래요?

Can you show me the map?

029. 경찰서로 가는 길 좀 알려 주실래요?

Can you show me the way to the police station?

030. 이 기계 사용하는 방법 좀 알려 주실래요?

Can you show me how to use this machine?

031. 저 상자 좀 가져다주실래요?

Can you bring me that box?

032. 물 좀 가져다주실래요?

Can you bring me some water?

033. 저 좀 들여보내 주실래요?

Can you let me in?

034. 이거 좀 끝내게 해 주실래요?

Can you let me finish this?

035. 당신 꿈에 대해 알려 주실래요?

Can you let me know about your dream?

036. 제가 이 가방 드는 거 좀 도와주실래요?

Can you help me with this bag?

037. 제가 영어 공부 하는 거 좀 도와주실래요?

Can you help me study English?

038. 책상 옮기는 거 좀 도와주실래요?

Can you help me move the desk?

039. 다시 전화해 주실래요?

Can you call me back?

040. 택시 좀 불러 주실래요?

Can you call me a taxi?

123강 [단순질문 : ~인가요?/~하나요?]

Are you + 동사 ing / 완료 / 형용사 ?

TIP

123강에서는 단순 질문 중에서 실제 가장 많이 쓰이는 표현 중 하나로 'Are you + 동사?'도 배워 본다.
기본 의미는 '당신은 ~인가요?/~하나요?'이지만, 문법적인 표현들이 따라와 다양한 의미를 나타낸다.
각각 의미를 살펴보기로 한다.
- Are you a student? : 당신은 학생인가요?
- Are you serious? : 진짜인가요?

~인가요?/~하나요?	동사	의미
	going to (gonna)	할 예정인가요?
	trying to	하려고 하나요?
	done (with)	~했어요?
Are you	ready (to/for)	준비 됐나요?
	interested (in)	~ 좋아하세요?/~ 관심 있으세요?
	happy (with)	만족하세요?
	sure	확실한가요?

Are you +

going to + the meeting?

회의 참석하실 예정인가요?

+ meet him again?

그를 다시 만날 예정인가요?

trying to + get a job?

직장 구하려고 하나요?

done + with your meal?

식사 다 했나요?

ready + for the test?

시험 볼 준비 됐나요?

+ to order now?

지금 주문하실 건가요?

interested + in music?

음악에 관심 있나요? / 음악 좋아하나요?

+ in going to China?

중국 방문하는 것 관심 있나요?

happy + with your job?

당신 일에 만족하나요?

sure + you did that?

당신이 그것을 했다는 것이 확실한가요?

말 트이기 연습

041. 회의 참석하실 예정인가요?

....

042. 뉴욕에 가실 예정인가요?

....

043. 그를 다시 만날 예정인가요?

....

044. 오늘 출근하실 예정인가요?

....

045. 그와 연락할 예정인가요? * reach : 도달하다, 연락하다

....

046. 직장 구하려고 하나요?

....

047. 살 빼려고 하나요? * lose weight : 살 빼다

....

048. 담배 끊으려고 하나요? * quit : 끊다

....

049. 식사 다 했나요?

....

050. 설거지 다 했나요?

....

051. 시험 볼 준비 됐나요?

....

052. 발표할 준비 됐나요? * presentation : 발표

....

053. 지금 주문하실 건가요?

....

054. 음악에 관심 있나요? / 음악 좋아하나요?

....

055. 중국 방문하는 것 관심 있나요?

....

056. 저희 회사에 입사하고 싶으신가요?

....

057. 당신 일에 만족하나요?

....

058. 제 제안에 만족하나요? * proposal : 제안

....

059. 당신이 그것을 했다는 것이 확실한가요?

....

060. 당신이 그것을 할 수 있다는 것이 확실한가요?

....

말 트이기 연습 - 해답

041. 회의 참석하실 예정인가요?

Are you going to the meeting?

042. 뉴욕에 가실 예정인가요?

Are you going to New York?

043. 그를 다시 만날 예정인가요?

Are you going to(gonna) meet him again?

044. 오늘 출근하실 예정인가요?

Are you going to(gonna) work today?

045. 그와 연락할 예정인가요?

Are you going to(gonna) reach him?

046. 직장 구하려고 하나요?

Are you trying to get a job?

047. 살 빼려고 하나요?

Are you trying to lose weight?

048. 담배 끊으려고 하나요?

Are you trying to quit smoking?

049. 식사 다 했나요?

Are you done with your meal?

050. 설거지 다 했나요?

Are you done with the dishes?

051. 시험 볼 준비 됐나요?

Are you ready for the test?

052. 발표할 준비 됐나요?

Are you ready for your presentation?

053. 지금 주문하실 건가요?

Are you ready to order now?

054. 음악에 관심 있나요? / 음악 좋아하나요?

Are you interested in music?

055. 중국 방문하는 것 관심 있나요?

Are you interested in going to China?

056. 저희 회사에 입사하고 싶으신가요?

Are you interested in working with us?

057. 당신 일에 만족하나요?

Are you happy with your job?

058. 제 제안에 만족하나요?

Are you happy with my proposal?

059. 당신이 그것을 했다는 것이 확실한가요?

Are you sure you did that?

060. 당신이 그것을 할 수 있다는 것이 확실한가요?

Are you sure you can do that?

124강 [단순질문 : ～하나요?]

Do you + 동사 ?

124강에서는 우리가 배운 단순 질문에서 실제 가장 많이 쓰이는 표현 중 하나로
'Do you + 동사?'를 배워 본다. 기본 의미는 '당신은 ～하나요?'이지만, 문법적인 표현들
이 따라와 다양한 의미를 나타낸다.
각각 의미를 살펴보기로 한다.
– Do you like Korean food? : 한국 음식 좋아하나요?
– Do you hear me? : 내 말 듣고 있나요?

～ 하나요?	동사	의미
Do you	want to (wanna)	원하나요?
	know	아시나요?
	think	같은가요?
	mean	라고요?
	feel like	싶으신가요?

Do you +

want to +
- be famous?

  유명해지길 원하나요?

- stay here?

  여기 머무시길 원하나요?

know +
- his email address?

  그의 이메일 주소 아시나요?

- the girl wearing a black dress?

  까만 옷 입고 있는 그 여자 아시나요?

- what happened?

  무슨 일이 일어났는지 아시나요?

- how to use this computer?

  이 컴퓨터 사용하는 법 아시나요?

think +
- it will rain today?

  오늘 비가 올 것 같은가요?

mean +
- two o'clock today?

  오늘 두 시라고요?

- you love me?

  나를 사랑한다고요?

feel like +
- eating out tonight?

  오늘 밤 외식하고 싶으신가요?

말 트이기 연습

061. 유명해지길 원하나요?

....

062. 행복해지길 원하나요?

....

063. 여기 머무시길 원하나요?

....

064. 저를 기다리시길 원하나요?

....

065. 둘러보시길 원하나요? * look around : 둘러보다

....

066. 같이 하시길 원하나요? * join us : 우리에 속하다, 함께하다

....

067. 그의 이메일 주소 아시나요?

....

068. 까만 옷 입고 있는 그 여자 아시나요?

....

069. 저에게 미소 짓고 있는 저 남자 아시나요?

....

070. 무슨 일이 일어났는지 아시나요?

....

071. 여기가 어딘지 아시나요? * where we are : 우리가 있는 곳

....

072. 이 컴퓨터 사용하는 법 아시나요?

....

073. 운전하는 법 아시나요?

....

074. 오늘 비가 올 것 같은가요?

....

075. 당신이 그것을 처리할 수 있을 것 같은가요? * handle : 처리하다

....

076. 오늘 두 시라고요?

....

077. 나를 사랑한다고요?

....

078. 이게 여행이라고요?

....

079. 오늘 밤 외식하고 싶으신가요? (feel like)

....

080. 해외로 가고 싶으신가요? (feel like)

....

말 트이기 연습 - 해답

061. 유명해지길 원하나요?

Do you want to(wanna) be famous?

062. 행복해지길 원하나요?

Do you want to(wanna) be happy?

063. 여기 머무시길 원하나요?

Do you want to(wanna) stay here?

064. 저를 기다리시길 원하나요?

Do you want to(wanna) wait for me?

065. 둘러보시길 원하나요?

Do you want to(wanna) look around?

066. 같이 하시길 원하나요?

Do you want to(wanna) join us?

067. 그의 이메일 주소 아시나요?

Do you know his email address?

068. 까만 옷 입고 있는 그 여자 아시나요?

Do you know the girl wearing a black dress?

069. 저에게 미소 짓고 있는 저 남자 아시나요?

Do you know that man smiling at me?

070. 무슨 일이 일어났는지 아시나요?

Do you know what happened?

큰 소리로 읽으면서 답을 맞춰 봅시다.

071. 여기가 어딘지 아시나요?

Do you know where we are?

072. 이 컴퓨터 사용하는 법 아시나요?

Do you know how to use this computer?

073. 운전하는 법 아시나요?

Do you know how to drive?

074. 오늘 비가 올 것 같은가요?

Do you think it will rain today?

075. 당신이 그것을 처리할 수 있을 것 같은가요?

Do you think you can handle it?

076. 오늘 두 시라고요?

Do you mean two o'clock today?

077. 나를 사랑한다고요?

Do you mean you love me?

078. 이게 여행이라고요?

Do you mean this is a trip?

079. 오늘 밤 외식하고 싶으신가요?

Do you feel like eating out tonight?

080. 해외로 가고 싶으신가요?

Do you feel like going abroad?

125강 [다수질문 : 혹시 ~ 있나요?]

Do you have any + 명사 ?

TIP

125강에서는 단순 질문에서 실제 가장 많이 쓰이는 표현 중 하나로 'Do you have any + 명사?'를 배워 본다.

기본 의미는 '혹시 ~ 있나요?'로서, 뒤에 다양한 명사를 넣을 수 있다.

각각 의미를 살펴보기로 한다.

- Do you have any sisters? : 혹시 여자 형제 있나요?
- Do you have any rooms available? : 혹시 빈방 있나요?

혹시 ~있어요?	명사	의미
Do you have any	(special) plans (for)	혹시 계획 있나요?
	(good) idea/ideas	혹시 아나요?/좋은 생각 있나요?
	questions (about)	혹시 질문 있나요?
	problems (with)	혹시 문제 있나요?
	messages (for)	혹시 전달 사항 있나요?
	information (about)	혹시 알고 있는 게 있나요?
	experience (in)	혹시 경험 있나요?

(special) plans

+ for today?
혹시 오늘 특별히 할 일 있나요?

+ to be a doctor?
혹시 의사가 될 생각 있나요?

(good) idea/ideas + who he was?
혹시 그가 누구였는지 아나요?

+ to save money?
혹시 돈을 절약할 좋은 생각 있나요?

Do you have any +

questions + about the class?
혹시 수업에 대해 질문 있나요?

problems + with that?
혹시 그것에 대해 문제 있나요?

messages + for him?
혹시 그에게 전달 사항 있나요?

information + about that?
혹시 그것에 대해 알고 있는 게 있나요?

experience + in this kind of work?
혹시 이런 종류의 일에 대해 경험이 있나요?

+ in teaching students?
혹시 학생들을 가르친 경험이 있나요?

말 트이기 연습

081. 혹시 오늘 특별히 할 일 있나요?

....

082. 혹시 주말에 특별히 할 일 있나요?

....

083. 혹시 이번 겨울에 특별히 할 일 있나요?

....

084. 혹시 의사가 될 생각 있나요?

....

085. 혹시 직장 바꿀 마음 있나요?

....

086. 혹시 그가 누구였는지 아나요?

....

087. 혹시 그들이 어디로 갔는지 아나요?

....

088. 혹시 무슨 일이 일어났는지 아나요?

....

089. 혹시 돈을 절약할 좋은 생각 있나요? * save : 절약하다

....

090. 혹시 시험에 통과할 좋은 생각 있나요?

....

091. 혹시 수업에 대해 질문 있나요?

....

092. 혹시 회사에 대해 질문 있나요?

....

093. 혹시 그것에 대해 문제 있나요?

....

094. 혹시 거기에 대해 문제 있나요?

....

095. 혹시 그에게 전달 사항 있나요?

....

096. 혹시 105번 방에 전달 사항 있나요?

....

097. 혹시 그것에 대해 알고 있는 게 있나요?

....

098. 혹시 저희 회사에 대해 알고 있는 게 있나요?

....

099. 혹시 이런 종류의 일에 대해 경험이 있나요?

....

100. 혹시 학생들을 가르친 경험이 있나요?

....

말 트이기 연습 - 해답

081. 혹시 오늘 특별히 할 일 있나요?

Do you have any special plans for today?

082. 혹시 주말에 특별히 할 일 있나요?

Do you have any special plans for the weekend?

083. 혹시 이번 겨울에 특별히 할 일 있나요?

Do you have any special plans for this winter?

084. 혹시 의사가 될 생각 있나요?

Do you have any plans to be a doctor?

085. 혹시 직장 바꿀 마음 있나요?

Do you have any plans to change your job?

086. 혹시 그가 누구였는지 아나요?

Do you have any idea who he was?

087. 혹시 그들이 어디로 갔는지 아나요?

Do you have any idea where they went?

088. 혹시 무슨 일이 일어났는지 아나요?

Do you have any idea what happened?

089. 혹시 돈을 절약할 좋은 생각 있나요?

Do you have any good ideas to save money?

090. 혹시 시험에 통과할 좋은 생각 있나요?

Do you have any good ideas to pass the exam?

큰 소리로 읽으면서 답을 맞춰 봅시다.

091. 혹시 수업에 대해 질문 있나요?

Do you have any questions about the class?

092. 혹시 회사에 대해 질문 있나요?

Do you have any questions about the company?

093. 혹시 그것에 대해 문제 있나요?

Do you have any problems with that?

094. 혹시 거기에 대해 문제 있나요?

Do you have any problems there?

095. 혹시 그에게 전달 사항 있나요?

Do you have any messages for him?

096. 혹시 105번 방에 전달 사항 있나요?

Do you have any messages for room 105?

097. 혹시 그것에 대해 알고 있는 게 있나요?

Do you have any information about that?

098. 혹시 저희 회사에 대해 알고 있는 게 있나요?

Do you have any information about our company?

099. 혹시 이런 종류의 일에 대해 경험이 있나요?

Do you have any experience in this kind of work?

100. 혹시 학생들을 가르친 경험이 있나요?

Do you have any experience in teaching students?

126강 [단순질문 : ~해야 하나요?]

Do I have to + 동사 ?

TIP

126강에서는 단순 질문에서 실제 가장 많이 쓰이는 표현 중 하나로 'Do I have to + 동사?'
를 배워 본다.

기본 의미는 '제가 ~해야 하나요?'로서, 뒤의 동사에 따라 다양한 의미가 온다.

각각 의미를 살펴보기로 한다.

– Do I have to study now? : 지금 공부해야 하나요?

– Do I have to do it? : 그거 해야 하나요?

~해야 하나요?	동사	의미
Do I have to	pay	지불해야 하나요?
	go	가야 하나요?
	tell	말해야 하나요?
	get	~해야 하나요?
	make	~해야 하나요?
	wear	입어야 하나요?
	stay	머물러야 하나요?
	change	바꿔야 하나요?
	bring	가져와야 하나요?
	transfer	갈아타야 하나요?

* transfer : 갈아타다

Do I have to +

pay + late fees?

제가 연체료 지불해야 하나요?
* fee : 요금

go + to the immigration office?

제가 이민국으로 가야 하나요?
* immigration : 이민

tell + you to knock?

제가 노크하라고 말해 줘야 하나요?

get + back to the office?

제가 회사로 다시 돌아가야 하나요?

make + a reservation?

제가 예약해야 하나요?

wear + a uniform?

제가 유니폼을 입어야 하나요?

stay + in the hospital?

제가 입원해야 하나요?

change + my mind?

제가 생각을 바꿔야 하나요?

bring + my resume in person?

제가 이력서를 직접 가져와야 하나요?

transfer + to get downtown?

제가 시내로 가는데 환승해야 하나요?

말 트이기 연습

101. 제가 연체료 지불해야 하나요?

....

102. 제가 그것에 추가로 지불해야 하나요? * extra : 추가요금

....

103. 제가 이민국으로 가야 하나요?

....

104. 제가 현금 인출기로 가야 하나요? * ATM : 현금 인출기

....

105. 제가 노크하라고 말해 줘야 하나요?

....

106. 제가 세세한 것까지 말해 줘야 하나요? * every little thing : 사소한 것

....

107. 제가 회사로 다시 돌아가야 하나요? * get back : 돌아가다

....

108. 제가 직장을 구해야 하나요?

....

109. 제가 예약해야 하나요?

....

110. 제가 결정해야 하나요? * make a decision : 결정하다

....

111. 제가 유니폼을 입어야 하나요?

....

112. 제가 다른 사이즈 입어야 하나요?

....

113. 제가 입원해야 하나요?

....

114. 제가 방구석에만 있어야 하나요? * indoors : 집안에서

....

115. 제가 생각을 바꿔야 하나요?

....

116. 제가 돈을 달러로 환전해야 하나요?

....

117. 제가 이력서를 직접 가져와야 하나요? * resume : 이력서

....

118. 제가 끝나면 당신에게 그것을 도로 갖다 드려야 하나요?

....

119. 제가 시내로 가는데 환승해야 하나요?

....

120. 제가 센트럴 공원을 가려면 환승해야 하나요?

....

말 트이기 연습 - 해답

101. 제가 연체료 지불해야 하나요?

Do I have to pay late fees?

102. 제가 그것에 추가로 지불해야 하나요?

Do I have to pay extra for that?

103. 제가 이민국으로 가야 하나요?

Do I have to go to the immigration office?

104. 제가 현금 인출기로 가야 하나요?

Do I have to go to an ATM?

105. 제가 노크하라고 말해 줘야 하나요?

Do I have to tell you to knock?

106. 제가 세세한 것까지 말해 줘야 하나요?

Do I have to tell you every little thing?

107. 제가 회사로 다시 돌아가야 하나요?

Do I have to get back to the office?

108. 제가 직장을 구해야 하나요?

Do I have to get a job?

109. 제가 예약해야 하나요?

Do I have to make a reservation?

110. 제가 결정해야 하나요?

Do I have to make a decision?

111. 제가 유니폼을 입어야 하나요?

Do I have to wear a uniform?

112. 제가 다른 사이즈 입어야 하나요?

Do I have to wear another size?

113. 제가 입원해야 하나요?

Do I have to stay in the hospital?

114. 제가 방구석에만 있어야 하나요?

Do I have to stay indoors?

115. 제가 생각을 바꿔야 하나요?

Do I have to change my mind?

116. 제가 돈을 달러로 환전해야 하나요?

Do I have to change some money to dollars?

117. 제가 이력서를 직접 가져와야 하나요?

Do I have to bring my resume in person?

118. 제가 끝나면 당신에게 그것을 도로 갖다 드려야 하나요?

Do I have to bring it back to you when it's finished?

119. 제가 시내로 가는데 환승해야 하나요?

Do I have to transfer to get downtown?

120. 제가 센트럴 공원을 가려면 환승해야 하나요?

Do I have to transfer for Central Park?

127강 [단순질문 : ~ 드릴까요?
~하시겠어요?]

Would you like + 명사 ?
+ to + 동사 ?

TIP

1권에서 배운 'Will you + 동사' 문장은 단순히 '너 ~할래?'의 의미였지만, 실제 회화에서 더 많이 쓰이는 형태는 'Would you + 동사' 표현이다. 뒤에 많은 동사가 나오겠지만, 127강에서는 그 중에서 가장 많이 사용되는 'like' 동사를 붙여 보자. 'Would you like'와 'Would you like to'의 의미를 구별할 것.
- Would you like some coffee? : 커피 좀 드릴까요?
- Would you like to stay here? : 여기 머무시겠어요?

~ 드릴까요?/~하시겠어요?	명사	의미
	a drink?	마실 것 드릴까요?
	a single room?	싱글 방 드릴까요?
	a paper?	신문 드릴까요?
	a window seat?	창문 쪽 좌석으로 드릴까요?
Would you like	a ride	태워다 드릴까요?
	to do	하시겠어요?
	to have	가지시겠어요?/드시겠어요?
	to join	함께 하시겠어요?
	to pay	지불하시겠어요?
	to be	~ 되겠어요?

50

(Would you like) + a drink?

마실 것 드릴까요?

+ a single room?

싱글 방 드릴까요?

+ a paper?

신문 드릴까요?

+ a window seat?

창가 쪽 좌석 드릴까요?

+ a ride home?

집까지 태워다 드릴까요?

+ to do something tonight?

오늘 밤 뭐 하시겠어요?

+ to have lunch together?

같이 점심 드시겠어요?

+ to join us for a drink?

우리랑 같이 한잔 하시겠어요?

+ to pay cash?

현금으로 지불하시겠어요?

+ to be placed on the waiting list?

대기자 명단에 올려 드릴까요?

* be placed : 올려지다

말 트이기 연습

121. 마실 것 드릴까요?

....

122. 싱글 방 드릴까요?

....

123. 싱글 방 드릴까요, 더블 방 드릴까요?

....

124. 신문 드릴까요?

....

125. 창가 쪽 좌석 드릴까요?

....

126. 집까지 태워다 드릴까요?

....

127. 오렌지 주스 드릴까요?

....

128. 그 상자 옮기는 것 도와드릴까요?

....

129. 과일하고 야채 좀 드릴까요? * vegetables : 야채

....

130. 이어폰 좀 드릴까요? * earphone : 이어폰

....

131. 오늘 밤 뭐 하시겠어요?

....

132. 저녁에 외식하시겠어요?

....

133. 같이 점심 드시겠어요?

....

134. 영화 보러 가시겠어요?

....

135. 우리랑 같이 한잔 하시겠어요?

....

136. 메시지 남기시겠어요?

....

137. 현금으로 지불하시겠어요?

....

138. 다른 자리로 바꿔 드릴까요?

....

139. 제 친구가 되시겠어요?

....

140. 대기자 명단에 올려 드릴까요?

....

말 트이기 연습 - 해답

121. 마실 것 드릴까요?

Would you like a drink?

122. 싱글 방 드릴까요?

Would you like a single room?

123. 싱글 방 드릴까요, 더블 방 드릴까요?

Would you like a single or a double room?

124. 신문 드릴까요?

Would you like a paper?

125. 창가 쪽 좌석 드릴까요?

Would you like a window seat?

126. 집까지 태워다 드릴까요?

Would you like a ride home?

127. 오렌지 주스 드릴까요?

Would you like some orange juice?

128. 그 상자 옮기는 것 도와드릴까요?

Would you like some help with that box?

129. 과일하고 야채 좀 드릴까요?

Would you like some fruit and vegetables?

130. 이어폰 좀 드릴까요?

Would you like some earphones?

131. 오늘 밤 뭐 하시겠어요?

Would you like to do something tonight?

132. 저녁에 외식하시겠어요?

Would you like to go out for dinner?

133. 같이 점심 드시겠어요?

Would you like to have lunch together?

134. 영화 보러 가시겠어요?

Would you like to see the movies?

135. 우리랑 같이 한잔 하시겠어요?

Would you like to join us for a drink?

136. 메시지 남기시겠어요?

Would you like to leave a message?

137. 현금으로 지불하시겠어요?

Would you like to pay cash?

138. 다른 자리로 바꿔 드릴까요?

Would you like to find other seats?

139. 제 친구가 되시겠어요?

Would you like to be my friend?

140. 대기자 명단에 올려 드릴까요?

Would you like to be placed on the waiting list?

128강 [단순질문 : ~해 주시겠어요? ~ 괜찮겠어요?]

Would/Do you mind ?

~해 주시겠어요? ~괜찮겠어요?		의미
Would you mind Do you mind	calling?/If I call	전화 주시겠어요? /제가 전화해도 괜찮을까요?
	watching?/If I watch	봐주시겠어요? /제가 봐도 괜찮을까요?
	moving?/If I move	이동해 주시겠어요? /제가 이동해도 괜찮을까요?
	sharing?/If I share	합석해 주시겠어요? /제가 합석해도 괜찮을까요?
	changing?/If I change	바꿔 주시겠어요? /제가 바꿔도 괜찮을까요?

calling + back in 5 minutes?

5분 있다 다시 전화 주시겠어요?

if I call + back in 5 minutes?

제가 5분 있다 다시 전화해도 괜찮을까요?

watching + my bag for a second?

잠시만 제 가방 좀 봐주시겠어요?

if I watch + your bag for a second?

제가 잠시만 당신 가방 봐드려도 괜찮을까요?

Would you mind
Do you mind + moving + your car now?

지금 차 좀 빼 주시겠어요?

if I move + my car now?

제가 지금 제 차 좀 빼도 괜찮을까요?

sharing + the table?

합석해 주시겠어요?

if I share + your table?

제가 당신 자리에 합석해도 괜찮을까요?

changing + the subject?

화제를 좀 바꿔 주시겠어요?

if I change + the subject?

제가 화제를 바꿔도 괜찮을까요?

57

말 트이기 연습

141. 5분 있다 다시 전화 주시겠어요?

....

142. 제가 5분 있다 다시 전화해도 괜찮을까요?

....

143. 잠시만 제 가방 좀 봐주시겠어요?

....

144. 제가 잠시만 당신 가방 봐드려도 괜찮을까요?

....

145. 지금 차 좀 빼 주시겠어요?

....

146. 제가 지금 제 차 좀 빼도 괜찮을까요?

....

147. 합석해 주시겠어요?

....

148. 제가 당신 자리에 합석해도 괜찮을까요?

....

149. 화제를 좀 바꿔 주시겠어요?

....

150. 제가 화제를 바꿔도 괜찮을까요?

....

151. 도서관에 늦게 머물러 주시겠어요?

....

152. 제가 도서관에 늦게 머물러도 괜찮을까요?

....

153. 창문 좀 열어 주시겠어요?

....

154. 제가 창문 좀 열어도 괜찮을까요?

....

155. 메시지 전해 주시겠어요?

....

156. 제가 메시지 전해 드려도 괜찮을까요?

....

157. 조금만 크게 말해 주시겠어요?

....

158. 제가 조금만 크게 말해도 괜찮을까요?

....

159. 다시 명단 체크 좀 해 주시겠어요?

....

160. 제가 다시 명단 체크해도 괜찮을까요?

....

말 트이기 연습 - 해답

141. 5분 있다 다시 전화 주시겠어요?

Would you mind calling back in 5 minutes?

142. 제가 5분 있다 다시 전화해도 괜찮을까요?

Do you mind if I call back in 5 minutes?

143. 잠시만 제 가방 좀 봐주시겠어요?

Would you mind watching my bag for a second?

144. 제가 잠시만 당신 가방 봐드려도 괜찮을까요?

Do you mind if I watch your bag for a second?

145. 지금 차 좀 빼 주시겠어요?

Would you mind moving your car now?

146. 제가 지금 제 차 좀 빼도 괜찮을까요?

Do you mind if I move my car now?

147. 합석해 주시겠어요?

Would you mind sharing the table?

148. 제가 당신 자리에 합석해도 괜찮을까요?

Do you mind if I share your table?

149. 화제를 좀 바꿔 주시겠어요?

Would you mind changing the subject?

150. 제가 화제를 바꿔도 괜찮을까요?

Do you mind if I change the subject?

151. 도서관에 늦게 머물러 주시겠어요?

Would you mind staying late in the library?

152. 제가 도서관에 늦게 머물러도 괜찮을까요?

Do you mind if I stay late in the library?

153. 창문 좀 열어 주시겠어요?

Would you mind opening the window?

154. 제가 창문 좀 열어도 괜찮을까요?

Do you mind if I open the window?

155. 메시지 전해 주시겠어요?

Would you mind taking a message?

156. 제가 메시지 전해 드려도 괜찮을까요?

Do you mind if I take a message?

157. 조금만 크게 말해 주시겠어요?

Would you mind speaking a little louder?

158. 제가 조금만 크게 말해도 괜찮을까요?

Do you mind if I speak a little louder?

159. 다시 명단 체크 좀 해 주시겠어요?

Would you mind checking out the list again?

160. 제가 다시 명단 체크해도 괜찮을까요?

Do you mind if I check out the list again?

129강 [단순질문 : ~인가요?/~한가요?]

Is it + 명사 / 진행형 / 형용사 ?

TIP

be동사를 사용하는 표현 중 회화에서 가장 많이 쓰이는 표현은 앞서 배운 'Are you' 패턴과 'Is it' 패턴이다.

'Is it' 다음에 나올 수 있는 단어는 주로 be 동사와 함께 쓰일 수 있는 단어들이 오는데, 129강에서는 각 의미들에 대해 공부해 보자. 'Is it' 문장은 뒤의 단어 의미에 따라 '~인가요?' 혹은 '~한가요?'의 의미로 해석하면 된다.

– Is it Jane? : Jane인가요?

– Is it too late? : 너무 늦은 건가요?

* 보통 주어가 특정한 단어가 아닐 경우 주어 자리에 의미 없는 'it'을 써 준다. 그런 문장의 의문문이라고 생각하자.

~인가요?/~한가요?		의미
	five?	5시인가요?
	Monday?	월요일인가요?
	raining?	비가 오나요?
	cold?	추운가요?
Is it	late?	늦은 건가요?
	safe?	안전한가요?
	okay?	괜찮은가요?
	possible?	가능한가요?
	true?	정말인가요?

five	+ already?	벌써 5시인가요?
Monday	+ when our vacation starts?	방학이 시작하는 게 월요일인가요?
raining	+ outside?	밖에 비가 오나요?
cold	+ in here even in March?	3월인데도 여긴 추운가요?
Is it + **late**	+ to cancel my order?	주문 취소하기에는 늦은 건가요?
safe	+ to cross the road?	길 건너는 것이 안전한가요?
okay	+ if I park here?	여기에 주차해도 괜찮은가요?
okay	+ if I email you?	당신에게 이메일을 써도 괜찮은가요?
possible	+ to pass the exam?	시험 붙는 것이 가능한가요?
true	+ that you got a girl friend?	당신 여자 친구 생겼다는 게 사실인가요?

* even : ~임에도

* cancel : 취소하다

63

말 트이기 연습

161. 벌써 5시인가요? *already : 벌써

....

162. 방학이 시작하는 게 월요일인가요?

....

163. 밖에 비가 오나요?

....

164. 3월인데도 여긴 춥나요?

....

165. 주문 취소하기에는 늦은 건가요?

....

166. 지원하기에는 늦은 건가요? *apply : 지원하다

....

167. 지금 시작하기에는 늦은 건가요?

....

168. 길 건너는 것이 안전한가요?

....

169. 여기 돌아다니는 것이 안전한가요?

....

170. 헬멧 쓰는 것이 안전한가요? *helmet : 헬멧

....

171. 여기에 주차해도 괜찮은가요?

....

172. 당신에게 이메일을 써도 괜찮은가요?

....

173. 이 책 빌려도 괜찮은가요?

....

174. 여기에 제 가방 맡겨도 괜찮은가요?

....

175. 시험 붙는 것이 가능한가요?

....

176. 이틀 더 묵는 것이 가능한가요?

....

177. 우리 계획 바꾸는 것이 가능한가요?   * schedule : 계획

....

178. 버스로 거기 가는 것이 가능한가요?

....

179. 당신 여자 친구 생겼다는 게 사실인가요?

....

180. 당신 다른 직장 알아본다는 게 사실인가요?

....

말 트이기 연습 - 해답

161. 벌써 5시인가요?

Is it five already?

162. 방학이 시작하는 게 월요일인가요?

Is it Monday when our vacation starts?

163. 밖에 비가 오나요?

Is it raining outside?

164. 3월인데도 여긴 춥나요?

Is it cold in here even in March?

165. 주문 취소하기에는 늦은 건가요?

Is it late to cancel my order?

166. 지원하기에는 늦은 건가요?

Is it late to apply?

167. 지금 시작하기에는 늦은 건가요?

Is it late to start now?

168. 길 건너는 것이 안전한가요?

Is it safe to cross the road?

169. 여기 돌아다니는 것이 안전한가요?

Is it safe to walk around here?

170. 헬멧 쓰는 것이 안전한가요?

Is it safe to wear a helmet?

171. 여기에 주차해도 괜찮은가요?

Is it okay if I park here?

172. 당신에게 이메일을 써도 괜찮은가요?

Is it okay if I email you?

173. 이 책 빌려도 괜찮은가요?

Is it okay if I borrow this book?

174. 여기에 제 가방 맡겨도 괜찮은가요?

Is it okay if I leave my bag here?

175. 시험 붙는 것이 가능한가요?

Is it possible to pass the exam?

176. 이틀 더 묵는 것이 가능한가요?

Is it possible to stay two more days?

177. 우리 계획 바꾸는 것이 가능한가요?

Is it possible to change our schedule?

178. 버스로 거기 가는 것이 가능한가요?

Is it possible to get there by bus?

179. 당신 여자 친구 생겼다는 게 사실인가요?

Is it true that you got a girl friend?

180. 당신 다른 직장 알아본다는 게 사실인가요?

Is it true that you are looking for another job?

130강 [다수질문 : 혹시 ~ 있나요?]

Is there any + 명사 ?

TIP

130강에서는 일반 문장 중에서 주어가 동사 앞에 나오지 않는 문장 중 가장 많이 쓰이는 'There is' 문장을 활용한 표현을 배워 본다.

– There is a book on the desk. : 책상 위에 책 한 권이 있다.

의문문의 형태는 그대로 be 동사가 앞으로 나가면 된다.

– Is there a book on the desk? : 책상 위에 책 한 권이 있나요?

이 문장에서 책상 위에 책이 있는지 없는지 궁금해 물어보는 의미로는 어색하므로 이럴 때는 a를 any로 바꿔 주면

– Is there any book on the desk? : 혹시 책상 위에 책이 있나요?

라는 문장이 된다. 알아 두자. '혹시 ~ 있나요?'라고 할 때는 'Is there any' 문장도 많이 쓴다.

혹시 ~ 있나요?	명사	의미
Is there any	coffee?	혹시 커피 있나요?
	news?	혹시 뉴스 있나요?
	mail?	혹시 우편물 있나요?
	place?	혹시 장소 있나요?
	way?	혹시 방법 있나요?
	one?	혹시 ~ 사람 있나요?
	one else	그 밖에 혹시 ~ 사람 있나요?

coffee + left?

혹시 남은 커피 있나요?

news + in the paper?

혹시 신문에 뉴스 좀 있나요?

mail + for me this morning?

혹시 오늘 아침에 제게 온 편지 있나요?

place + to eat something?

혹시 뭐 먹을 곳 있나요?

Is there any + **way** + to finish by tomorrow?

혹시 내일까지 끝낼 방법 있나요?

+ to make a reservation?

혹시 예약할 방법 있나요?

one + who wants to talk to me?

혹시 제게 말하고자 하는 사람 있나요?

+ who doesn't understand?

혹시 이해 못하는 사람 있나요?

one else + who can do it?

혹시 그 밖에 그거 할 수 있는 사람 있나요?

+ who can join us?

혹시 그 밖에 우리랑 함께할 수 있는 사람 있나요?

말 트이기 연습

181.   혹시 남은 커피 있나요?

....

182.   혹시 남은 음식 있나요?

....

183.   혹시 남은 방 있나요?

....

184.   혹시 신문에 뉴스 좀 있나요?

....

185.   혹시 오늘 아침에 제게 온 편지 있나요?

....

186.   혹시 뭐 먹을 곳 있나요?

....

187.   혹시 제 차 주차할 곳 있나요?

....

188.   혹시 팩스 받아볼 곳 있나요?   * get a fax : 팩스 받다

....

189.   혹시 앉을 곳 있나요?

....

190.   혹시 파티 할 곳 있나요?

....

191. 혹시 내일까지 끝낼 방법 있나요?

....

192. 혹시 예약할 방법 있나요?

....

193. 혹시 그에게 연락할 방법 있나요?

....

194. 혹시 시내로 갈 방법 있나요?

....

195. 혹시 담배 끊을 방법 있나요?

....

196. 혹시 제게 말하고자 하는 사람 있나요?

....

197. 혹시 이해 못하는 사람 있나요?

....

198. 혹시 그 밖에 그거 할 수 있는 사람 있나요?

....

199. 혹시 그 밖에 우리랑 함께할 수 있는 사람 있나요?

....

200. 혹시 그 밖에 그 질문에 답할 수 있는 사람 있나요?

....

말 트이기 연습 - 해답

181. 혹시 남은 커피 있나요?

Is there any coffee left?

182. 혹시 남은 음식 있나요?

Is there any food left?

183. 혹시 남은 방 있나요?

Is there any room left?

184. 혹시 신문에 뉴스 좀 있나요?

Is there any news in the paper?

185. 혹시 오늘 아침에 제게 온 편지 있나요?

Is there any mail for me this morning?

186. 혹시 뭐 먹을 곳 있나요?

Is there any place to eat something?

187. 혹시 제 차 주차할 곳 있나요?

Is there any place to park my car?

188. 혹시 팩스 받아볼 곳 있나요?

Is there any place to get a fax?

189. 혹시 앉을 곳 있나요?

Is there any place to sit down?

190. 혹시 파티 할 곳 있나요?

Is there any place to have a party?

191. 혹시 내일까지 끝낼 방법 있나요?

Is there any way to finish by tomorrow?

192. 혹시 예약할 방법 있나요?

Is there any way to make a reservation?

193. 혹시 그에게 연락할 방법 있나요?

Is there any way to reach him?

194. 혹시 시내로 갈 방법 있나요?

Is there any way to get downtown?

195. 혹시 담배 끊을 방법 있나요?

Is there any way to stop smoking?

196. 혹시 제게 말하고자 하는 사람 있나요?

Is there anyone who wants to talk to me?

197. 혹시 이해 못하는 사람 있나요?

Is there anyone who doesn't understand?

198. 혹시 그 밖에 그거 할 수 있는 사람 있나요?

Is there anyone else who can do it?

199. 혹시 그 밖에 우리랑 함께할 수 있는 사람 있나요?

Is there anyone else who can join us?

200. 혹시 그 밖에 그 질문에 답할 수 있는 사람 있나요?

Is there anyone else who can answer the question?

131강 [의문사질문 : 무엇을/무엇인가요?]

What is / are ?

TIP

131강부터는 의문사를 이용한 회화 표현을 배워 보자.

'What'은 '무엇'이라는 의미로 1권에서 배운 대로 의문문 앞에 쓰인다.

'be 동사'와 함께 쓰여서 문장에서 주어, 목적어, 보어의 역할을 한다.

– What is your nationality? : 당신의 국적은 무엇인가요? (What이 보어로 사용되는 경우)

– What are you doing? : 무엇을 하고 있으세요? (What이 목적어로 사용되는 경우)

– What is happening at home? : 집에서 무슨 일이 일어나고 있는 건가요? (What이 주어로 사용되는 경우)

우선 'what + be 동사'로 사용되는 표현부터 알아보자.

무엇이/무엇을		의미
What is (보어)	your?	당신이(의) ~ 무엇인가요?
	the?	~은 무엇인가요/어디인가요/얼마인가요?
What is/are (목적어)	주어 + ~ing?	무엇을 ~하고 있나요?
What is (주어)	형용사 (wrong)	무엇이 잘못되었나요? / 무슨 일이죠?
	going on	무엇이 ~ 있나요?

What is/are +

your + nationality?

당신의 국적은 무엇인가요?

* nationality : 국적

+ favorite movie?

당신이 좋아하는 영화는 무엇인가요?

* favorite : 좋아하는

the + problem with that?

그것의 문제는 무엇인가요? / 무슨 문제인가요?

+ best way to learn English?

영어를 배우는 가장 좋은 방법은 무엇인가요?

you + looking for?

당신은 무엇을 찾고 있나요?

+ going to do?

당신은 무엇을 할 건가요?

wrong + with you?

당신에게 무슨 (안 좋은) 일이죠?

+ with that book?

그 책에 무슨 (안 좋은) 일이죠?

going + on here?

여기 무슨 일이 일어나고 있죠? / 여기 무슨 일이죠?

+ on with this guy?

이 소년에게 무슨 일이 일어나고 있죠?

말 트이기 연습

201. 당신의 국적은 무엇인가요?

....

202. 당신의 주소는 어디인가요?

....

203. 당신 회사 대표의 이름은 무엇인가요? * CEO : 회사 대표

....

204. 당신 회사 이름은 무엇인가요?

....

205. 당신이 좋아하는 영화는 무엇인가요?

....

206. 당신이 좋아하는 한국 음식은 무엇인가요?

....

207. 당신이 그 드라마에서 좋아하는 장면은 무엇인가요?

....

208. 무슨 문제인가요?

....

209. 이 차 가격이 얼마인가요? * price : 가격

....

210. 호주 수도가 어디인가요? * capital : 수도

....

211. 영어를 배우는 가장 좋은 방법은 무엇인가요?

....

212. 당신 회사로 가는 가장 좋은 방법은 무엇인가요?

....

213. 버스로 서울역 가는 가장 좋은 방법은 무엇인가요?

....

214. 시내로 가는 가장 좋은 방법은 무엇인가요?

....

215. 당신은 무엇을 찾고 있나요?

....

216. 당신은 무엇을 할 건가요?

....

217. 그 남자는 무엇을 하려고 하고 있나요?

....

218. 그녀는 무엇을 기다리고 있나요?

....

219. 당신에게 무슨 (안 좋은) 일이죠?

....

220. 여기 무슨 일이 일어나고 있죠? / 여기 무슨 일이죠?

....

말 트이기 연습 - 해답

201. 당신의 국적은 무엇인가요?

> What is your nationality?

202. 당신의 주소는 어디인가요?

> What is your address?

203. 당신 회사 대표의 이름은 무엇인가요?

> What is the name of your CEO?

204. 당신 회사 이름은 무엇인가요?

> What is the name of your company?

205. 당신이 좋아하는 영화는 무엇인가요?

> What is your favorite movie?

206. 당신이 좋아하는 한국 음식은 무엇인가요?

> What is your favorite Korean food?

207. 당신이 그 드라마에서 좋아하는 장면은 무엇인가요?

> What is your favorite scene in the drama?

208. 무슨 문제인가요?

> What is the problem with that?

209. 이 차 가격이 얼마인가요?

> What is the price of this car?

210. 호주 수도가 어디인가요?

> What is the capital of Australia?

큰 소리로 읽으면서 답을 맞춰 봅시다.

211. 영어를 배우는 가장 좋은 방법은 무엇인가요?

What is the best way to learn English?

212. 당신 회사로 가는 가장 좋은 방법은 무엇인가요?

What is the best way to your office?

213. 버스로 서울역 가는 가장 좋은 방법은 무엇인가요?

What is the best way to Seoul Station by bus?

214. 시내로 가는 가장 좋은 방법은 무엇인가요?

What is the best way to get downtown?

215. 당신은 무엇을 찾고 있나요?

What are you looking for?

216. 당신은 무엇을 할 건가요?

What are you going to do?

217. 그 남자는 무엇을 하려고 하고 있나요?

What is the man trying to do?

218. 그녀는 무엇을 기다리고 있나요?

What is she waiting for?

219. 당신에게 무슨 (안 좋은) 일이죠?

What is wrong with you?

220. 여기 무슨 일이 일어나고 있죠? / 여기 무슨 일이죠?

What is going on here?

132강 [의문사질문 : 무엇을 ～하나요?]

What do you / can I / should I ?

TIP

132강에서는 'What'과 일반 동사가 연결되는 회화 표현도 배워 보자.

문장을 만들기 위해서는 다양한 동사와 조동사가 쓰이겠지만, 특히 회화에서 빈도가 많은 표현은 'What do you / What can I / What should I + 일반 동사'가 쓰이는 형태이다.

– What do you want? : 당신은 무엇을 원하나요?
– What can I do? : 제가 무엇을 할 수 있나요?
– What should I do? : 제가 무엇을 해야 하나요?

주로 'what 의문사 + 일반 동사'로 사용되는 다양한 표현을 알아보자.

무엇을 ～하나요?		의미
What do you	want	무엇을 ～하기를 원하나요?
	mean	～라니 무슨 뜻인가요?
	think of	～에 대해 어떻게 생각하나요?
	say	뭐라고 하는 건가요?/～하는 게 어떤가요?
What can I	do	제가 무엇을 할 수 있나요?
	say	제가 무엇을 말할 수 있나요?
What should I	do	제가 무엇을/어떻게 해야 하나요?
	tell	제가 뭐라고 말해야 하나요?

What do you + want + to do?

당신은 무엇을 하기를 원하나요?

mean + by that?

그건 무슨 뜻인가요?

+ I can't see her?

제가 그녀를 볼 수 없다니 무슨 뜻인가요?

think of + Korea?

한국에 대해서 어떻게 생각하나요?

say + to a weekend in Tokyo?

동경에서 주말 보내는 거 어떤가요?

+ we share a taxi?

우리 택시 같이 타는 거 어떤가요?

What can I + do + for you?

제가 당신을 위해 무엇을 할 수 있나요?

say + I am so sorry.

제가 뭐라 말할 수 있나요? 너무 죄송합니다.

What should I + do + with this?

제가 이것에 대해 무엇을/어떻게 해야 하나요?

tell + him when he comes in?

제가 그가 오면 그에게 무엇을 말해야 하나요?

81

말 트이기 연습

221. 당신은 무엇을 하기를 원하나요?

....

222. 당신은 무엇을 알기를 원하나요?

....

223. 당신은 무엇을 먹기를 원하나요?

....

224. 그건 무슨 뜻인가요?

....

225. 2주 후라니 무슨 뜻인가요?

....

226. 준비가 안 되었다니 무슨 뜻인가요?

....

227. 한국에 대해서 어떻게 생각하나요?

....

228. 새로운 직장에 대해 어떻게 생각하나요?

....

229. 그의 아이디어에 대해 어떻게 생각하나요?

....

230. 패스트푸드에 대해 어떻게 생각하세요?

....

231. 동경에서 주말 보내는 거 어떤가요?

....

232. 우리 택시 같이 타는 거 어떤가요?

....

233. 우리 그거 다시 한 번 해 보는 거 어떤가요?

....

234. 제가 당신을 위해 무엇을 할 수 있나요?

....

235. 제가 이것에 대해 무엇을/어떻게 해야 하나요?

....

236. 제가 이번 여름 동안 무엇을 해야 하나요?

....

237. 제가 그녀를 행복하게 하기 위해 무엇을 해야 하나요?

....

238. 제가 만약 늦는다면, 무엇을 해야 하나요?

....

239. 제가 파티에 무엇을 입어야 하나요?

....

240. 제가 그가 오면 그에게 무엇을 말해야 하나요?

....

맞 트이기 연습 - 해답

221. 당신은 무엇을 하기를 원하나요?

What do you want to do?

222. 당신은 무엇을 알기를 원하나요?

What do you want to know?

223. 당신은 무엇을 먹기를 원하나요?

What do you want to eat?

224. 그건 무슨 뜻인가요?

What do you mean by that?

225. 2주 후라니 무슨 뜻인가요?

What do you mean two weeks later?

226. 준비가 안 되었다니 무슨 뜻인가요?

What do you mean it's not ready?

227. 한국에 대해서 어떻게 생각하나요?

What do you think of Korea?

228. 새로운 직장에 대해 어떻게 생각하나요?

What do you think of the new office?

229. 그의 아이디어에 대해 어떻게 생각하나요?

What do you think of his idea?

230. 패스트푸드에 대해 어떻게 생각하세요?

What do you think of fast food?

231. 동경에서 주말 보내는 거 어떤가요?

What do you say to a weekend in Tokyo?

232. 우리 택시 같이 타는 거 어떤가요?

What do you say we share a taxi?

233. 우리 그거 다시 한 번 해 보는 거 어떤가요?

What do you say we try that again?

234. 제가 당신을 위해 무엇을 할 수 있나요?

What can I do for you?

235. 제가 이것에 대해 무엇을/어떻게 해야 하나요?

What should I do with this?

236. 제가 이번 여름 동안 무엇을 해야 하나요?

What should I do during this summer?

237. 제가 그녀를 행복하게 하기 위해 무엇을 해야 하나요?

What should I do to make her happy?

238. 제가 만약 늦는다면, 무엇을 해야 하나요?

What should I do if I am late?

239. 제가 파티에 무엇을 입어야 하나요?

What should I wear to the party?

240. 제가 그가 오면 그에게 무엇을 말해야 하나요?

What should I tell him when he comes in?

133강 [의문사질문 : 무엇이?/왜 ~하나요?]

What happens / makes you ?

TIP

133강에서는 'What'과 일반 동사가 연결될 때 '주어'로 쓰이는 경우를 배워 보자.

흔히 문법에서는 '무생물 주어'라고 하는데, 영어권에서는 이렇게 사람이 아닌 사물을 주어로 쓰는 형태도 많이 사용된다. 회화에서 빈도가 많은 표현으로 일반 동사는 주로 make, happen, bring, give, take 등의 동사가 사용된다. 의미는 '무엇이'라는 의미도 있지만 문장에 맞는 의역으로 '왜'라는 뜻으로 해석해 주기도 한다.

여기서는 'what 의문사 + 일반 동사'로 'what'이 주어로 사용되는 다양한 표현을 알아보자.

무엇이?/왜 ~하나요?		의미
What	makes?/made?	왜 ~한가요? / ~했나요?
	happens?/happened?	어떻게 되(었)나요? / 무슨 일인가요?
	brings?/brought?	무슨 일로 ~ 있어요? / 왔어요?
	gives?/gave?	왜 ~해요? / ~했나요?
	takes?/took?	왜 ~해요? / ~했나요?

makes	+ you so happy?	
	왜 그렇게 행복한가요?	
made	+ you change your mind?	
	왜 당신 마음을 바꿨나요?	
happens	+ if nobody comes to the party?	
	만일 아무도 파티에 안 오면 어떻게 되나요?	
	+ if I push this button?	
	만일 내가 이 버튼을 누른다면 어떻게 되나요?	
What + **happened**	+ to your leg?	
	당신 다리에 무슨 일 생겼나요?	
	+ to the notebook that was on my desk?	
	제 책상에 놓여 있던 노트북 어떻게 되었나요?	
brings	+ you here?	
	무슨 일로 여기 있나요?	
gave	+ you the idea to go alone?	
	왜 혼자 간다는 생각을 했죠?	
	+ you the idea that I would be there?	
	왜 제가 거기 있을 거라는 생각을 했죠?	
took	+ you so long?	
	왜 그렇게 오래 걸렸나요?	

말 트이기 연습

241. 왜 그렇게 행복한가요?

....

242. 왜 그렇게 화났나요?

....

243. 왜 그녀가 여기 있을 거라고 생각하나요?

....

244. 왜 당신 마음을 바꿨나요?

....

245. 왜 나에게 전화했나요?

....

246. 왜 그와 사랑에 빠졌나요?

....

247. 만일 아무도 파티에 안 오면 어떻게 되나요?

....

248. 만일 내가 이 버튼을 누른다면 어떻게 되나요?

....

249. 만일 그가 지불하지 않으면 어떻게 되나요?

....

250. 만일 내가 직장을 바꾸면 어떻게 되나요?

....

251. 당신 다리에 무슨 일 생겼나요?

....

252. 당신 누이에게 무슨 일 생겼나요?

....

253. 어제 바에서 무슨 일 생겼나요?

....

254. 제 책상에 놓여 있던 노트북 어떻게 되었나요?

....

255. 제가 여기 두었던 책 어떻게 되었나요?

....

256. 무슨 일로 여기 있나요?

....

257. 무슨 일로 저희 집에 오신 건가요?

....

258. 왜 그런 생각을 하게 됐죠?

....

259. 왜 제가 거기 있을 거라는 생각을 했죠?

....

260. 왜 그렇게 전화를 하는 데 오래 걸렸나요?

....

말 트이기 연습 - 해답

241. 왜 그렇게 행복한가요?

What makes you so happy?

242. 왜 그렇게 화났나요?

What makes you so angry?

243. 왜 그녀가 여기 있을 거라고 생각하나요?

What makes you think she would be here?

244. 왜 당신 마음을 바꿨나요?

What made you change your mind?

245. 왜 나에게 전화했나요?

What made you call me?

246. 왜 그와 사랑에 빠졌나요?

What made you fall in love with him?

247. 만일 아무도 파티에 안 오면 어떻게 되나요?

What happens if nobody comes to the party?

248. 만일 내가 이 버튼을 누른다면 어떻게 되나요?

What happens if I push this button?

249. 만일 그가 지불하지 않으면 어떻게 되나요?

What happens if he doesn't pay?

250. 만일 내가 직장을 바꾸면 어떻게 되나요?

What happens if I change my job?

251. 당신 다리에 무슨 일 생겼나요?

What happened to your leg?

252. 당신 누이에게 무슨 일 생겼나요?

What happened to your sister?

253. 어제 바에서 무슨 일 생겼나요?

What happened to you in the bar yesterday?

254. 제 책상에 놓여 있던 노트북 어떻게 되었나요?

What happened to the notebook that was on my desk?

255. 제가 여기 두었던 책 어떻게 되었나요?

What happened to the book that I left here?

256. 무슨 일로 여기 있나요?

What brings you here?

257. 무슨 일로 저희 집에 오신 건가요?

What brings you to my house?

258. 왜 그런 생각을 하게 됐죠?

What gave you the idea?

259. 왜 제가 거기 있을 거라는 생각을 했죠?

What gave you the idea that I would be there?

260. 왜 그렇게 전화를 하는 데 오래 걸렸나요?

What took you so long to call?

134강 [의문사질문 : 몇 시?/ 무슨 요일? / 그 밖의?]

What time / day / else ?

> **TIP**
>
> 134강에서는 'What' 다음에 동사나 조동사 이외의 단어가 올 경우 쓰이는 회화 표현을 공부해 보자.
> 우선 가장 많이 쓰이는 단어는 명사 'time/day'이고 의미는 '몇 시/요일' 등으로 해석하면 된다. 그 외에 'else' 역시 'what'과 함께 쓰여서 '그 밖의 무엇'이라는 의미로도 사용되니 알아두자.
> 'what + time / day / else'로 표현되는 다양한 회화 표현을 알아보자.

몇 시?/무슨 요일? /그 밖의?		의미
What	time	몇 시?
	day	무슨 요일?/며칠?
	else	그 밖의 무엇?

(What time) + is it now?

지금 몇 시인가요?

+ is the next flight to Japan?

일본으로 가는 다음 비행기는 몇 시인가요?

+ are you leaving tomorrow?

내일 몇 시에 떠날 예정인가요?

+ do you close today?

오늘 몇 시에 문 닫나요?

(What day) + is it today?

오늘이 무슨 요일인가요?

+ are you leaving for Paris?

무슨 요일에 파리로 떠날 예정인가요?

+ was this message left?

이 메시지가 남겨진 건 무슨 요일인가요?

+ do they collect the garbage?

무슨 요일에 쓰레기 수거하나요?

* garbage : 쓰레기

(What else) + is on your calendar for this week?

그 밖의 일정 이번 주 달력에 있나요?

+ can you tell me?

그 밖에 다른 것 제게 말해 줄 수 있나요?

말 트이기 연습

261. 지금 몇 시인가요?

....

262. 일본으로 가는 다음 비행기는 몇 시인가요?

....

263. 부산으로 가는 마지막 열차는 몇 시인가요?

....

264. 내일 몇 시에 떠날 예정인가요?

....

265. 오늘 몇 시에 문 닫나요?

....

266. 항상 몇 시에 일어나시나요?

....

267. 항상 수업이 몇 시에 끝나나요?

....

268. 오늘이 무슨 요일인가요?

....

269. 금년 크리스마스는 무슨 요일인가요?

....

270. 무슨 요일에 파리로 떠날 예정인가요?

....

271. 요일 말해 주세요.

....

272. 그 밖에 새로운 거 있나요?

....

273. 그 밖에 당신이 하려고 하는 다른 것 있나요?

....

274. 그 밖에 한국은 뭐로 유명한가요?

....

275. 그 밖에 다른 것 제게 말해 줄 수 있나요?

....

276. 그 밖에 필요한 것 있으세요?

....

277. 그 밖에 가지고 있는 것 있으세요?

....

278. 그 밖에 알고자 하는 것 있으세요?

....

279. 그 밖에 하고 싶은 것 있으세요?

....

280. 그 밖에 듣고 싶은 것 있으세요?

....

말 트이기 연습 - 해답

261. 지금 몇 시인가요?

What time is it now?

262. 일본으로 가는 다음 비행기는 몇 시인가요?

What time is the next flight to Japan?

263. 부산으로 가는 마지막 열차는 몇 시인가요?

What time is the last train to Pusan?

264. 내일 몇 시에 떠날 예정인가요?

What time are you leaving tomorrow?

265. 오늘 몇 시에 문 닫나요?

What time do you close today?

266. 항상 몇 시에 일어나시나요?

What time do you usually wake up?

267. 항상 수업이 몇 시에 끝나나요?

What time do you usually finish your class?

268. 오늘이 무슨 요일인가요?

What day is it today?

269. 금년 크리스마스는 무슨 요일인가요?

What day is Christmas this year?

270. 무슨 요일에 파리로 떠날 예정인가요?

What day are you leaving for Paris?

271. 요일 말해 주세요.

What day do you need?

272. 그 밖에 새로운 거 있나요?

What else is new?

273. 그 밖에 당신이 하려고 하는 다른 것 있나요?

What else are you going to do?

274. 그 밖에 한국은 뭐로 유명한가요?

What else is Korea famous for?

275. 그 밖에 다른 것 제게 말해 줄 수 있나요?

What else can you tell me?

276. 그 밖에 필요한 것 있으세요?

What else do you need?

277. 그 밖에 가지고 있는 것 있으세요?

What else do you have?

278. 그 밖에 알고자 하는 것 있으세요?

What else do you want to know?

279. 그 밖에 하고 싶은 것 있으세요?

What else do you want to do?

280. 그 밖에 듣고 싶은 것 있으세요?

What else do you want to hear?

135강 [의문사질문 : 어떤 종류의 ~ ?]

What kind of + 명사 ?

TIP

135강에서 배울 내용은 'What' 다음에 명사가 바로 오는 경우도 있지만, 앞에 'kind of'를 붙여서 '어떤 종류의 ~'이라는 의미로 조금은 구체적으로 표현하는 방법이다. 같은 의미로는 'sort of', 'type of'가 올 수도 있다.

'What kind of + 명사'도 많이 사용되는 회화 표현이니 함께 알아보자.

어떤 종류의 ~를?		의미
	kind of	
What	sort of	어떤 종류의 ~
	type of	

	food	+ do you like?
		어떤 종류의 음식을 좋아하세요?
	music	+ do you play?
		어떤 종류의 음악을 연주하세요?
	work	+ can you do?
		어떤 종류의 일을 하실 수 있나요?
	room	+ do you want?
		어떤 종류의 방을 원하세요?
What kind of +	sports	+ can you play?
		어떤 종류의 운동을 할 수 있나요?
	business	+ do you run?
		어떤 종류의 사업을 운영하시나요?
	problem	+ do you have?
		어떤 종류의 문제를 갖고 계신가요?
	place	+ are you looking for?
		어떤 종류의 장소를 찾고 계신가요?
	movies	+ do you want to watch?
		어떤 종류의 영화를 보고 싶으신가요?
	a person	+ are you waiting for?
		어떤 종류의 사람을 기다리고 계신가요?

* run : 운영하다

말 트이기 연습

281. 어떤 종류의 음식을 좋아하세요?

....

282. 어떤 종류의 음식을 드시나요?

....

283. 어떤 종류의 음악을 연주하세요?

....

284. 어떤 종류의 음악을 들으세요?

....

285. 어떤 종류의 일을 하실 수 있나요?

....

286. 어떤 종류의 일을 구하셨나요?

....

287. 어떤 종류의 방을 원하세요?

....

288. 어떤 종류의 방을 찾고 계신가요?

....

289. 어떤 종류의 운동을 할 수 있나요?

....

290. 어떤 종류의 운동을 보고 싶으신가요?

....

291. 어떤 종류의 사업을 운영하시나요?

....

292. 어떤 종류의 사업을 하실 수 있나요?

....

293. 어떤 종류의 문제를 갖고 계신가요?

....

294. 어떤 종류의 장소를 찾고 계신가요?

....

295. 어떤 종류의 장소를 보고 싶으신가요?

....

296. 어떤 종류의 장소를 좋아하세요?

....

297. 어떤 종류의 영화를 보고 싶으세요?

....

298. 어떤 종류의 영화를 만들고 싶으세요?

....

299. 어떤 종류의 사람을 기다리고 계신가요?

....

300. 어떤 종류의 사람을 원하세요?

....

말 트이기 연습 - 해답

281. 어떤 종류의 음식을 좋아하세요?

What kind of food do you like?

282. 어떤 종류의 음식을 드시나요?

What kind of food do you eat?

283. 어떤 종류의 음악을 연주하세요?

What kind of music do you play?

284. 어떤 종류의 음악을 들으세요?

What kind of music do you listen to?

285. 어떤 종류의 일을 하실 수 있나요?

What kind of work can you do?

286. 어떤 종류의 일을 구하셨나요?

What kind of work did you get?

287. 어떤 종류의 방을 원하세요?

What kind of room do you want?

288. 어떤 종류의 방을 찾고 계신가요?

What kind of room are you looking for?

289. 어떤 종류의 운동을 할 수 있나요?

What kind of sports can you play?

290. 어떤 종류의 운동을 보고 싶으신가요?

What kind of sports do you want to watch?

291. 어떤 종류의 사업을 운영하시나요?

What kind of business do you run?

292. 어떤 종류의 사업을 하실 수 있나요?

What kind of business can you do?

293. 어떤 종류의 문제를 갖고 계신가요?

What kind of problem do you have?

294. 어떤 종류의 장소를 찾고 계신가요?

What kind of place are you looking for?

295. 어떤 종류의 장소를 보고 싶으신가요?

What kind of place do you want to see?

296. 어떤 종류의 장소를 좋아하세요?

What kind of place do you like?

297. 어떤 종류의 영화를 보고 싶으세요?

What kind of movies do you want to watch?

298. 어떤 종류의 영화를 만들고 싶으세요?

What kind of movies do you want to make?

299. 어떤 종류의 사람을 기다리고 계신가요?

What kind of a person are you waiting for?

300. 어떤 종류의 사람을 원하세요?

What kind of a person do you want?

136강 [의문사질문 : 당신은 ~ 어때요? / ~는요?]

What about + 명사 / 명사형 ?

TIP

136강에서는 'What' 다음에 'about' 전치사가 바로 오는 경우에 대해 배워 보자.
여기서 'What'은 '무엇'이라는 의미가 아니라 '당신은 ~ 어때요?'라는 의미로 상대방의
의향이 어떤지 물어보거나 혹은 상대방이 깜빡 잊고 있는 것을 다시 상기시킬 때 '~는
요?'라는 의미로 사용하게 된다. 상대방의 의향을 물어보는 의미일 때는 상대방의 의견
이 내 의견과 다를 수도 있음을 대비하고 물어본다고 알아 두자.
특히, about 다음에는 명사나 (동사의 ing형) 명사형이 온다는 것을 알아 두자.

당신은 ~는/은 어때요?		의미
What about	me?	당신은 나는 어때요? / 나는요?
	tomorrow?	당신은 내일은 어때요? / 내일은요?
	Friday?	당신은 금요일은 어때요? / 금요일은요?
	this?	당신은 이건 어때요? / 이거는요?
	a break?	당신은 잠시 쉬는 거 어때요? / 휴식은요?
	a trip?	당신은 여행 어때요? / 여행은요?
	dinner?	당신은 저녁 어때요? / 저녁은요?
	going to the movies?	당신은 영화 보러 가는 거 어때요?
	going out with me?	당신은 저와 데이트 하러 가는 거 어때요?
	having another drink?	당신은 한잔 더 하는 거 어때요?

_큰 소리로 읽어 봅시다.

(What about) + this movie?

당신은 이 영화 어때요?

+ your country?

당신 나라는요? (권유보다는 상기시켜 주는 의미가 적합)

+ your phone?

당신 전화는요? (권유보다는 상기시켜 주는 의미가 적합)

+ a trip to England?

당신은 영국으로 여행가는 거 어때요?

+ dinner at my place?

당신은 우리 집에서 함께 식사하는 거 어때요?

+ the key that you are looking for?

당신이 찾고 있던 열쇠는요? (권유보다는 상기시켜 주는 의미가 적합)

+ the girl that I met?

당신은 제가 만났던 그 여자는 어때요?

+ working here?

당신은 여기서 일하는 거 어때요?

+ trying Kimchi?

당신은 김치 먹어 보는 게 어때요?

+ giving me a chance?

당신은 저에게 기회를 좀 주는 게 어때요?

말 트이기 연습

301. 당신은 나는 어때요?

....

302. 당신은 금요일은 어때요?

....

303. 당신은 이 영화 어때요?

....

304. 당신은 이건 어때요?

....

305. 당신은 잠시 쉬는 거 어때요?

....

306. 당신 전화는요?

....

307. 당신은 영국으로 여행가는 거 어때요?

....

308. 당신은 당신이 산 차는 어때요?

....

309. 당신이 찾고 있던 열쇠는요?

....

310. 당신은 제가 만났던 그 여자는 어때요?

....

311. 당신은 영화 보러 가는 거 어때요?

....

312. 당신은 테니스 치는 거 어때요?

....

313. 당신은 소풍하러 가는 거 어때요?

....

314. 당신은 우리를 도와주는 거 어때요?

....

315. 당신은 여기서 일하는 거 어때요?

....

316. 당신은 한잔 더 하는 거 어때요?

....

317. 당신은 샤워하는 거 어때요?

....

318. 당신은 김치 먹어 보는 게 어때요?

....

319. 당신은 점심 함께 하는 게 어때요?

....

320. 당신은 저에게 기회를 좀 주는 게 어때요?

....

말 트이기 연습 - 해답

301. 당신은 나는 어때요?

What about me?

302. 당신은 금요일은 어때요?

What about Friday?

303. 당신은 이 영화 어때요?

What about this movie?

304. 당신은 이건 어때요?

What about this?

305. 당신은 잠시 쉬는 거 어때요?

What about a break?

306. 당신 전화는요?

What about your phone?

307. 당신은 영국으로 여행가는 거 어때요?

What about a trip to England?

308. 당신은 당신이 산 차는 어때요?

What about the car that you got?

309. 당신이 찾고 있던 열쇠는요?

What about the key that you are looking for?

310. 당신은 제가 만났던 그 여자는 어때요?

What about the girl that I met?

311. 당신은 영화 보러 가는 거 어때요?

What about going to the movies?

312. 당신은 테니스 치는 거 어때요?

What about playing tennis?

313. 당신은 소풍하러 가는 거 어때요?

What about going on a picnic?

314. 당신은 우리를 도와주는 거 어때요?

What about giving us a hand?

315. 당신은 여기서 일하는 거 어때요?

What about working here?

316. 당신은 한잔 더 하는 거 어때요?

What about having another drink?

317. 당신은 샤워하는 거 어때요?

What about taking a shower?

318. 당신은 김치 먹어 보는 게 어때요?

What about trying Kimchi?

319. 당신은 점심 함께 하는 게 어때요?

What about having lunch together?

320. 당신은 저에게 기회를 좀 주는 게 어때요?

What about giving me a chance?

137강 [의문사질문 : ～하면 어쩌지? /어떨까?]

What if + 주어 + 동사 ?

TIP

137강에서는 'What' 다음에 'if' 접속사가 바로 오는 경우에 대해 배워 보자.

이 경우는 원래 133강의 'What happens if' 문장에서 동사를 줄여 'What if'로 나타내는 것으로 보면 된다. 의미는 크게 두 가지로, 어떤 일이 발생할 때 결과가 어떻게 될지에 대한 의미로 '～하면 어쩌지?'라는 의미가 있고, 어떤 상황을 제안할 때 '～하면 어떨까?' 라는 의미가 있지만 역시 크게 구분하지는 않는다. If 역시 접속사이므로 뒤에는 문장을 순서대로 나열해 주면 된다.

～하면 어쩌지?/어떨까?		의미
What if	I can't meet her?	내가 그녀를 못 만나면 어쩌지?
	I can't get a ticket?	내가 티켓을 살 수 없으면 어쩌지?
	it rains tomorrow?	내일 비가 오면 어쩌지?
	I want to stay?	내가 머물고 싶으면 어쩌지?
	we move out there?	우리가 저기로 이사 가면 어떨까?

(What if) + he can't call me?

그가 내게 전화 못 하면 어쩌지?

+ I can't meet her?

내가 그녀를 못 만나면 어쩌지?

+ she doesn't like it?

그녀가 그걸 좋아하지 않으면 어쩌지?

+ I can't get a ticket?

내가 티켓을 살 수 없으면 어쩌지?

+ he makes me crazy?

그가 나를 화나게 하면 어쩌지?

+ it rains tomorrow?

내일 비가 오면 어쩌지?

+ I want to stay?

내가 머물고 싶으면 어쩌지?

+ I put it here?

내가 그것을 여기 놔두면 어떨까?

+ we move out there?

우리가 거기로 이사 가면 어떨까?

+ we just sit here?

우리 그냥 여기 앉으면 어떨까?

말 트이기 연습

321. 그가 내게 전화 못 하면 어쩌지?

....

322. 내가 그녀를 못 만나면 어쩌지?

....

323. 그녀가 나에 대해 알지 못하면 어쩌지?

....

324. 그들이 마음을 바꾸면 어쩌지?

....

325. 그녀가 그걸 좋아하지 않으면 어쩌지?

....

326. 우리가 비행기를 놓치면 어쩌지?

....

327. 내가 티켓을 살 수 없으면 어쩌지?

....

328. 그가 나를 화나게 만들면 어쩌지?

....

329. 그들이 나를 찾지 못하면 어쩌지?

....

330. 내일 비가 오면 어쩌지?

....

331. 내가 그 집을 사면 어떨까?

....

332. 내가 틀렸으면 어쩌지?

....

333. 내가 머물고 싶으면 어쩌지?

....

334. 내가 그것을 여기 놔두면 어떨까?

....

335. 내가 시간이 없으면 어쩌지?

....

336. 그들이 그를 다시 데리고 오면 어쩌지?

....

337. 우리가 거기로 이사 가면 어떨까?

....

338. 우리가 그를 기다려야 하면 어쩌지?

....

339. 그가 너무 늦으면 어쩌지?

....

340. 우리 그냥 여기 앉으면 어떨까?

....

말 트이기 연습 – 해답

321. 그가 내게 전화 못 하면 어쩌지?

What if he can't call me?

322. 내가 그녀를 못 만나면 어쩌지?

What if I can't meet her?

323. 그녀가 나에 대해 알지 못하면 어쩌지?

What if she doesn't know about me?

324. 그들이 마음을 바꾸면 어쩌지?

What if they change their mind?

325. 그녀가 그걸 좋아하지 않으면 어쩌지?

What if she doesn't like it?

326. 우리가 비행기를 놓치면 어쩌지?

What if we miss the flight?

327. 내가 티켓을 살 수 없으면 어쩌지?

What if I can't get a ticket?

328. 그가 나를 화나게 만들면 어쩌지?

What if he makes me crazy?

329. 그들이 나를 찾지 못하면 어쩌지?

What if they can't find me?

330. 내일 비가 오면 어쩌지?

What if it rains tomorrow?

331. 내가 그 집을 사면 어떨까?

What if I buy the house?

332. 내가 틀렸으면 어쩌지?

What if I am wrong?

333. 내가 머물고 싶으면 어쩌지?

What if I want to stay?

334. 내가 그것을 여기 놔두면 어떨까?

What if I put it here?

335. 내가 시간이 없으면 어쩌지?

What if I have no time?

336. 그들이 그를 다시 데리고 오면 어쩌지?

What if they bring him again?

337. 우리가 거기로 이사 가면 어떨까?

What if we move out there?

338. 우리가 그를 기다려야 하면 어쩌지?

What if we have to wait for him?

339. 그가 너무 늦으면 어쩌지?

What if he is too late?

340. 우리 그냥 여기 앉으면 어떨까?

What if we just sit here?

138강 [의문사질문 : ~는 누구인가요? / 누가 ~하죠 ?/~할 사람?]

Who is / wants ?

TIP

앞에서 배운 'What' 접속사와 다르게 'Who' 접속사는 주로 사람을 지칭할 때 '누구'라는 의미로 사용한다.

'What'과 마찬가지로 주어, 보어, 목적어의 의미로 사용할 수 있는데 'who' 뒤에 be 동사가 오는 경우와, 일반 동사가 오는 경우에 대해 각각 알아보기로 한다. 의미는 각각 '~는 누구인가요? / 누가 ~하죠? / ~할 사람?' 이렇게 나누어 해석할 수 있다. (동사는 주로 3인칭 동사 형태를 가장 많이 쓴다.)

~는 누구인가요? 누가 ~하죠? ~할 사람?		의미
Who is	it?	누구세요?
	that man?	그 사람은 누구인가요?
	famous?	누가 유명한가요?
	your father?	당신의 아버지는 누구인가요?
Who wants	going to	누가 ~하죠?
	ice cream?	아이스크림 먹을 사람?
	to watch TV?	TV 볼 사람?

(Who is) + that man + wearing a hat?

모자를 쓰고 있는 저 남자는 누구인가요?

+ that lady + walking up the stairs?

계단을 걸어 올라가는 저 숙녀는 누구인가요?

+ famous?

누가 유명한가요?

+ stronger?

누가 더 힘이 센가요?

(Who is your) + best friend?

당신의 가장 친한 친구는 누구인가요?

+ favorite actor?

당신이 좋아하는 배우는 누구인가요?

(Who is) + going to pay for this?

누가 이거 지불할 거죠?

+ going to drive for me?

누가 나 대신 운전할 거죠?

(Who wants) + ice cream?

아이스크림 먹을 사람?

+ to watch TV?

TV 볼 사람?

말 트이기 연습

341. 누구세요?

....

342. 모자를 쓰고 있는 저 남자는 누구인가요?

....

343. 테이블 (근처)에 앉아 있는 저 소년은 누구인가요?

....

344. 저기 서 있는 저 여자는 누구인가요?

....

345. 계단을 걸어 올라가는 저 숙녀는 누구인가요?

....

346. 누가 유명한가요?

....

347. 누가 더 힘이 센가요?

....

348. 당신의 상사는 누구인가요?

....

349. 당신의 가장 친한 친구는 누구인가요?

....

350. 당신이 좋아하는 배우는 누구인가요?

....

351. 누가 이거 지불할 거죠?

....

352. 누가 나 대신 운전할 거죠?

....

353. 누가 나랑 있을 거죠?

....

354. 누가 그를 만날 거죠?

....

355. 누가 공항으로 갈 거죠?

....

356. 아이스크림 먹을 사람?

....

357. 한잔 더 할 사람?

....

358. 파이 마지막 조각 먹을 사람?

....

359. TV 볼 사람?

....

360. 이야기 들을 사람?

....

말 트이기 연습 - 해답

341. 누구세요?

Who is it?

342. 모자를 쓰고 있는 저 남자는 누구인가요?

Who is that man wearing a hat?

343. 테이블 (근처)에 앉아 있는 저 소년은 누구인가요?

Who is that boy sitting at the table?

344. 저기 서 있는 저 여자는 누구인가요?

Who is that woman standing there?

345. 계단을 걸어 올라가는 저 숙녀는 누구인가요?

Who is that lady walking up the stairs?

346. 누가 유명한가요?

Who is famous?

347. 누가 더 힘이 센가요?

Who is stronger?

348. 당신의 상사는 누구인가요?

Who is your boss?

349. 당신의 가장 친한 친구는 누구인가요?

Who is your best friend?

350. 당신이 좋아하는 배우는 누구인가요?

Who is your favorite actor?

351. 누가 이거 지불할 거죠?

Who is going to pay for this?

352. 누가 나 대신 운전할 거죠?

Who is going to drive for me?

353. 누가 나랑 있을 거죠?

Who is going to be with me?

354. 누가 그를 만날 거죠?

Who is going to meet him?

355. 누가 공항으로 갈 거죠?

Who is going to the airport?

356. 아이스크림 먹을 사람?

Who wants ice cream?

357. 한잔 더 할 사람?

Who wants another drink?

358. 파이 마지막 조각 먹을 사람?

Who wants the last piece of pie?

359. TV 볼 사람?

Who wants to watch TV?

360. 이야기 들을 사람?

Who wants to hear a story?

139강 [의문사질문 : 누구를 ~하나요?]

Whom are you / do you ?

TIP

'Who'가 목적어로 사용될 때, 보통은 'What'과 달리 그 형태가 변한다.

보통 '누구를'이라는 의미로 쓰일 때는 'Who'의 목적격인 'Whom'을 사용하는데, 어떤 문장에서는 그냥 'Who'로 쓰기도 하니 참고로 알아 두자.

139강에서는 문장에서 '누구를'이라는 의미로 사용되는 'who'의 목적격 'whom'을 이용한 회화 표현을 공부하기로 하자.

누구를 ~하나요?		의미
Whom are you	waiting for?	당신은 누구를 기다리고 있나요?
	looking for?	당신은 누구를 찾고 있나요?
	trying to find?	당신은 누구를 찾으려고 하고 있나요?
	going to have dinner with?	당신은 누구와 저녁을 먹으려고 하고 있나요?
	thinking of?	당신은 누구를 생각하고 있나요?
Whom do you	want?	당신은 누구를 원하나요?
	live with?	당신은 누구와 사나요?
	want to meet?	당신은 누구를 만나기를 원하나요?
	want to visit?	당신은 누구를 방문하기를 원하나요?
	want to call?	당신은 누구에게 전화하기를 원하나요?

Whom are you + waiting for?

당신은 누구를 기다리고 있나요?

+ looking for?

당신은 누구를 찾고 있나요?

+ trying to find?

당신은 누구를 찾으려고 하고 있나요?

+ going to have dinner with?

당신은 누구와 저녁을 먹으려고 하고 있나요?

+ thinking of?

당신은 누구를 생각하고 있나요?

Whom do you + want?

당신은 누구를 원하나요?

+ live with?

당신은 누구와 사나요?

+ want to meet?

당신은 누구를 만나기를 원하나요?

+ want to visit?

당신은 누구를 방문하기를 원하나요?

+ want to call?

당신은 누구에게 전화하기를 원하나요?

말 트이기 연습

361. 당신은 누구를 기다리고 있나요?

....

362. 당신은 누구를 찾고 있나요?

....

363. 당신은 누구를 찾으려고 하고 있나요?

....

364. 당신은 누구와 저녁을 먹으려고 하고 있나요?

....

365. 당신은 누구를 생각하고 있나요?

....

366. 당신은 누구에게 말하고 있나요?

....

367. 당신은 누구를 보고 있나요?

....

368. 당신은 누구를 도와주고 있나요?

....

369. 당신은 누구에게 전화하고 있나요?

....

370. 당신은 누구에게 미소 짓고 있나요?

....

371. 당신은 누구를 원하나요?

....

372. 당신은 누구와 사나요?

....

373. 당신은 누구와 노나요?

....

374. 당신은 누구를 동의하나요? *agree with : 동의하다

....

375. 당신은 누구를 만나기를 원하나요?

....

376. 당신은 누구와 저녁 먹기를 원하나요?

....

377. 당신은 누구에게 말하기를 원하나요?

....

378. 당신은 누구를 방문하기를 원하나요?

....

379. 당신은 누구를 돕기를 원하나요?

....

380. 당신은 누구에게 전화하기를 원하나요?

....

말 트이기 연습 - 해답

361. 당신은 누구를 기다리고 있나요?

Whom are you waiting for?

362. 당신은 누구를 찾고 있나요?

Whom are you looking for?

363. 당신은 누구를 찾으려고 하고 있나요?

Whom are you trying to find?

364. 당신은 누구와 저녁을 먹으려고 하고 있나요?

Whom are you going to have dinner with?

365. 당신은 누구를 생각하고 있나요?

Whom are you thinking of?

366. 당신은 누구에게 말하고 있나요?

Whom are you talking to?

367. 당신은 누구를 보고 있나요?

Whom are you looking at?

368. 당신은 누구를 도와주고 있나요?

Whom are you helping?

369. 당신은 누구에게 전화하고 있나요?

Whom are you calling?

370. 당신은 누구에게 미소 짓고 있나요?

Whom are you smiling at?

371. 당신은 누구를 원하나요?

Whom do you want?

372. 당신은 누구와 사나요?

Whom do you live with?

373. 당신은 누구와 노나요?

Whom do you play with?

374. 당신은 누구를 동의하나요?

Whom do you agree with?

375. 당신은 누구를 만나기를 원하나요?

Whom do you want to meet?

376. 당신은 누구와 저녁 먹기를 원하나요?

Whom do you want to have dinner with?

377. 당신은 누구에게 말하기를 원하나요?

Whom do you want to talk to?

378. 당신은 누구를 방문하기를 원하나요?

Whom do you want to visit?

379. 당신은 누구를 돕기를 원하나요?

Whom do you want to help?

380. 당신은 누구에게 전화하기를 원하나요?

Whom do you want to call?

140강 [의문사질문 : 어느 것인가요? / 어느 쪽인가요?]

Which / Which one / Which way ?

TIP

사물을 물어보는 의문사 중에 'What' 이외에 'Which'를 사용하기도 한다. 주로 '어느 것, 어느 쪽'이라는 선택의 의미가 있다. 단순히 'Which'만 쓰여서 양자 택일 중 '어느 것' 혹은 '어떤 것'의 의미를 나타내기도 하고, 한정된 의미로 'Which one'을 사용해서 한정된 범위 내에서 선택을 물어볼 때 사용되기도 한다. 가끔 'Which way'는 '어느 길', '어느 방향'을 물어보는 상황일 때 사용되기도 하니 구별해 두자.

사물을 표현할 때, 선택의 범위가 정해져 있을 때는 'What'보다 'Which'를 사용한다고 보면 된다.

140강에서는 'Which'가 사용되는 여러 회화 표현을 알아보기로 한다.

어느 것인가요? 어느 쪽인가요?			의미
Which	do you like better	A or B?	A와 B 중 어느 것을 더 좋아하세요?
	do you prefer		당신은 어느 것을 선호하세요?
Which one	do you live in		당신은 어느 곳에 살아요?
	is better		어느 것이 더 나은가요?
	is the museum?		박물관은 어느 쪽인가요?
Which way	is south?		남쪽은 어느 쪽인가요?

(Which) + do you like better,　**rain or snow?**

비와 눈 중 어느 것을 더 좋아하세요?

coffee or tea?

커피와 차 중 어느 것을 더 좋아하세요?

meat or fish?

고기와 생선 중 어느 것을 더 좋아하세요?

red or blue?

빨강과 파랑 중 어느 것을 더 좋아하세요?

beer or wine?

맥주와 와인 중 어느 것을 더 좋아하세요?

(Which one) + do you prefer?

당신은 어느 것을 선호하세요?

+ do you live in?

당신은 어느 곳에 살아요?

+ do you mean?

당신은 어느 것을 말씀하시는 거죠?

(Which way) + is the museum?

박물관은 어느 쪽인가요?

+ is south?

남쪽은 어느 쪽인가요?

말 트이기 연습

381. 비와 눈 중 어느 것을 더 좋아하세요?

....

382. 커피와 차 중 어느 것을 더 좋아하세요?

....

383. 고기와 생선 중 어느 것을 더 좋아하세요?

....

384. 빨강과 파랑 중 어느 것을 더 좋아하세요?

....

385. 맥주와 와인 중 어느 것을 더 좋아하세요?

....

386. 피자와 치킨 중 어느 것을 더 좋아하세요?

....

387. 테니스와 야구 중 어느 것을 더 좋아하세요?

....

388. 여름과 겨울 중 어느 것을 더 좋아하세요?

....

389. 사랑과 우정 중 어느 것을 더 좋아하세요?

....

390. 금요일과 토요일 중 어느 것을 더 좋아하세요?

....

391. 당신은 어느 것을 선호하세요?

....

392. 당신은 어느 곳에 살아요?

....

393. 당신은 어느 것을 말씀하시는 거죠?

....

394. 어느 것이 더 나은가요?

....

395. 어느 것이 더 큰가요?

....

396. 박물관은 어느 쪽인가요?

....

397. 남쪽은 어느 쪽인가요?

....

398. 버스 정류장은 어느 쪽인가요?

....

399. 엘리베이터가 어느 쪽인가요?

....

400. 당신의 직장은 어느 쪽인가요?

....

말 트이기 연습 - 해답

381. 비와 눈 중 어느 것을 더 좋아하세요?

Which do you like better, rain or snow?

382. 커피와 차 중 어느 것을 더 좋아하세요?

Which do you like better, coffee or tea?

383. 고기와 생선 중 어느 것을 더 좋아하세요?

Which do you like better, meat or fish?

384. 빨강과 파랑 중 어느 것을 더 좋아하세요?

Which do you like better, red or blue?

385. 맥주와 와인 중 어느 것을 더 좋아하세요?

Which do you like better, beer or wine?

386. 피자와 치킨 중 어느 것을 더 좋아하세요?

Which do you like better, pizza or chicken?

387. 테니스와 야구 중 어느 것을 더 좋아하세요?

Which do you like better, tennis or baseball?

388. 여름과 겨울 중 어느 것을 더 좋아하세요?

Which do you like better, summer or winter?

389. 사랑과 우정 중 어느 것을 더 좋아하세요?

Which do you like better, love or friendship?

390. 금요일과 토요일 중 어느 것을 더 좋아하세요?

Which do you like better, Friday or Saturday?

391. 당신은 어느 것을 선호하세요?

Which one do you prefer?

392. 당신은 어느 곳에 살아요?

Which one do you live in?

393. 당신은 어느 것을 말씀하시는 거죠?

Which one do you mean?

394. 어느 것이 더 나은가요?

Which one is better?

395. 어느 것이 더 큰가요?

Which one is bigger?

396. 박물관은 어느 쪽인가요?

Which way is the museum?

397. 남쪽은 어느 쪽인가요?

Which way is south?

398. 버스 정류장은 어느 쪽인가요?

Which way is the bus station?

399. 엘리베이터가 어느 쪽인가요?

Which way is the elevator?

400. 당신의 직장은 어느 쪽인가요?

Which way is your office?

141강 [의문사질문 : ~은 어때요? / 어떻게 ~하나요?]

How is(was)/are/do you/can I ?

TIP

지금까지 의문사 질문 형태 중 'What', 'Who', 'Which'에 대해 알아보았다. 세 가지 의문사의 특징은 모두 '명사'의 성격을 가진다는 것이다.

141강부터는 의문사 질문 중 형용사의 성격을 가지는 'How'에 대해 알아보기로 한다.

'How'의 의미는 사실상 많다. 우선은 가장 기본적으로 'How' 다음에 be 동사로 물어보는 경우와 일반 동사로 물어보는 두 가지 경우에 대해 정리해 보도록 하자.

의미는 'How is'는 '~은 어때요?'라고 해석하며, 'How do you/can I' 등의 표현일 때는 '어떻게 ~하나요?' 등의 의미로 해석하면 된다.

~은 어때요? 어떻게 ~하나요?		의미
How is	the weather?	날씨 어때요?
	it going?	잘 돼 가나요?
How are	you?	잘 지내나요?
How was	the party?	파티는 어땠나요?
How do you	study English?	당신은 어떻게 영어 공부 하나요?
How can I	say?	제가 어떻게 말할 수 있나요?

How is + the weather today?

오늘 날씨는 어때요?

+ it going there?

거기는 어떻게 돼 가나요?

How are + you, my friend?

내 친구, 잘 지내?

How have + you been?

그동안 어떻게 지내셨나요?

How was + the party last night?

어젯밤 파티 어땠나요?

+ your trip to Beijing?

베이징 여행 어땠나요?

How do you + study English?

당신은 어떻게 영어 공부 하나요?

+ know that?

당신은 그것을 어떻게 아나요?

How can I + say it?

제가 어떻게 그것을 말할 수 있나요?

+ know that?

제가 그것을 어떻게 알 수 있나요?

말 트이기 연습

401. 오늘 날씨는 어때요?

....

402. 거기는 어떻게 돼 가나요?

....

403. 내 친구, 잘 지내?

....

404. 그동안 어떻게 지내셨나요?

....

405. 어젯밤 파티 어땠나요?

....

406. 베이징 여행 어땠나요?

....

407. 당신의 방학 어땠나요?

....

408. 새 식당 어땠나요?

....

409. 시험 어땠나요?

....

410. 어젯밤 콘서트 어땠나요?

....

411. 당신은 어떻게 영어 공부 하나요?

....

412. 당신은 그것을 어떻게 아나요?

....

413. 당신은 시간을 어떻게 보내나요? * spend : 보내다

....

414. 당신은 그거 어떤 거 같나요? * feel : 느끼다, ~같다

....

415. 당신은 어떻게 출근하나요?

....

416. 제가 어떻게 그것을 말할 수 있나요?

....

417. 제가 어떻게 직업을 가질 수 있나요?

....

418. 제가 어떻게 그를 만날 수 있나요?

....

419. 제가 어떻게 그녀와 살 수 있나요?

....

420. 제가 어떻게 그를 부를 수 있나요?

....

말 트이기 연습 - 해답

401. 오늘 날씨는 어때요?

How is the weather today?

402. 거기는 어떻게 돼 가나요?

How is it going there?

403. 내 친구, 잘 지내?

How are you, my friend?

404. 그동안 어떻게 지내셨나요?

How have you been?

405. 어젯밤 파티 어땠나요?

How was the party last night?

406. 베이징 여행 어땠나요?

How was your trip to Beijing?

407. 당신의 방학 어땠나요?

How was your vacation?

408. 새 식당 어땠나요?

How was the new restaurant?

409. 시험 어땠나요?

How was the exam?

410. 어젯밤 콘서트 어땠나요?

How was the concert last night?

411. 당신은 어떻게 영어 공부 하나요?

How do you study English?

412. 당신은 그것을 어떻게 아나요?

How do you know that?

413. 당신은 시간을 어떻게 보내나요?

How do you spend your time?

414. 당신은 그거 어떤 거 같나요?

How do you feel about that?

415. 당신은 어떻게 출근하나요?

How do you get to work?

416. 제가 어떻게 그것을 말할 수 있나요?

How can I say it?

417. 제가 어떻게 직업을 가질 수 있나요?

How can I get a job?

418. 제가 어떻게 그를 만날 수 있나요?

How can I meet him?

419. 제가 어떻게 그녀와 살 수 있나요?

How can I live with her?

420. 제가 어떻게 그를 부를 수 있나요?

How can I call him?

142강 [의문사질문 : ~은 어때요?
/ ~은 어떻게 해 드릴까요?]

How do you like ?
How would you like ?

TIP

141강의 'How do you' 표현 중에서 뒤에 일반 동사가 올 때, 한 가지 주의해야 할 동사가 있다. 바로 'like' 동사인데, 'How do you like'라고 하면, '당신은 어떻게 좋아하세요?'라고 한국말로 해석이 되지만 속 의미를 보면 '~는 어때요?'처럼 상대방의 생각이나 의견을 묻는 상황일 때 많이 사용된다. 보통 상대방에게 '어떻게 해 드릴까요?'라는 의미로도 쓰이는데, 같은 표현으로는 'How would you like' 표현으로 좀 더 공손한 표현으로 쓰인다. 142강에서는 특히, 'How do you like'과 'How would you like'에 대해 집중적으로 알아보자.

~은 어때요? ~은 어떻게 해드릴까요?		의미
Do you like		달걀 좋아하세요?
Would you like	an egg?	달걀 드시겠어요?
How do you like		달걀 어떻게 해 드려요? (다른 상황일 때는 '~는 어때요?' 의미로 더 많이 쓰인다)
How would you like		달걀 어떻게 해 드릴까요? (좀 더 공손)

How do you like + **my shirts?**

제 티셔츠 어때요?

+ **my present?**

제 선물 어때요?

+ **the weather here?**

여기 날씨 어때요?

+ **my friend?**

제 친구 어때요?

+ **working overtime?**

야근하는 거 어때요?

How would you like + **your eggs?**

달걀 어떻게 해 드릴까요?

+ **your coffee?**

커피 어떻게 해 드릴까요?

+ **your 100 dollars?**

100달러 어떻게 환전해 드릴까요?

+ **your hair done?**

머리 스타일 어떻게 해 드릴까요?

+ **to pay?**

어떻게 결제해 드릴까요?

말 트이기 연습

421. 제 티셔츠 어때요? (like)

....

422. 이 차 어때요? (like)

....

423. 제 선물 어때요? (like)

....

424. 여기 날씨 어때요? (like)

....

425. 이 영화 어때요? (like)

....

426. 제 계획 어때요? (like)

....

427. 이 식당 어때요? (like)

....

428. 제 친구 어때요? (like)

....

429. 여기 사는 거 어때요? (like)

....

430. 야근하는 거 어때요? (like)

....

431. 달걀 어떻게 해 드릴까요?

....

432. 샌드위치 어떻게 해 드릴까요?

....

433. 토스트 어떻게 해 드릴까요?

....

434. 커피 어떻게 해 드릴까요?

....

435. 스테이크 어떻게 해 드릴까요?

....

436. 100달러 어떻게 환전해 드릴까요?

....

437. 머리 스타일 어떻게 해 드릴까요?

....

438. 그것을 어떻게 요리해 드릴까요?

....

439. 어떻게 결제해 드릴까요?

....

440. 그것을 어떻게 보내드릴까요?

....

말 트이기 연습 - 해답

421. 제 티셔츠 어때요?

How do you like my shirts?

422. 이 차 어때요?

How do you like this car?

423. 제 선물 어때요?

How do you like my present?

424. 여기 날씨 어때요?

How do you like the weather here?

425. 이 영화 어때요?

How do you like this movie?

426. 제 계획 어때요?

How do you like my plan?

427. 이 식당 어때요?

How do you like this restaurant?

428. 제 친구 어때요?

How do you like my friend?

429. 여기 사는 거 어때요?

How do you like living here?

430. 야근하는 거 어때요?

How do you like working overtime?

431. 달걀 어떻게 해 드릴까요?

How would you like your eggs?

432. 샌드위치 어떻게 해 드릴까요?

How would you like your sandwiches?

433. 토스트 어떻게 해 드릴까요?

How would you like your toast?

434. 커피 어떻게 해 드릴까요?

How would you like your coffee?

435. 스테이크 어떻게 해 드릴까요?

How would you like your steak?

436. 100달러 어떻게 환전해 드릴까요?

How would you like your 100 dollars?

437. 머리 스타일 어떻게 해 드릴까요?

How would you like your hair done?

438. 그것을 어떻게 요리해 드릴까요?

How would you like that cooked?

439. 어떻게 결제해 드릴까요?

How would you like to pay?

440. 그것을 어떻게 보내드릴까요?

How would you like to send it?

143강 [의문사질문 : 몇 ～이나?/얼마나～?]

How many / much ?

143강부터는 'How' 다음에 형용사가 붙어서 그 의미가 다양해지는 표현을 배워 보자.
가장 기본 표현은 'How' 뒤에 many, much 같은 수량을 의미하는 단어가 붙는 경우이다.
차이는, 'How many'는 셀 수 있는 명사 앞에, 'How much'는 셀 수 없는 명사 앞에 붙일
수 있다는 것을 알아 두자. 의미는 '얼마나～'라는 의미로 같으나, 'How many'의 경우 셀
수 있는 명사가 뒤에 오므로 '몇 ～이나'의 의미로 해석되기도 한다.
- How many members do you have? : 몇 명이나 멤버들이 있나요?
- How much money do you have? : 얼마나 많은 돈을 가지고 있나요?

몇 ～이나?/얼마나～?		의미
How many	times	몇 번이나～?(얼마나 많은 횟수로～?)
	days	며칠이나～?(얼마나 많은 날이나～?)
	hours	몇 시간이나～?(얼마나 많은 시간이나～?)
	years	몇 년이나～?(얼마나 많은 연도나～?)
	people	몇 명이나～?(얼마나 많은 사람들이나～?)
How much	time	얼마나 시간이～?
	money	얼마나 돈이～?
	water	얼마나 물이～?

_____큰 소리로 읽어 봅시다.

How many + times + do I have to tell you?

제가 당신에게 몇 번이나 말해야 하나요?

+ days + are there in May?

5월은 며칠이나 있나요?

+ hours + do you watch TV a day?

당신은 하루에 TV를 몇 시간이나 보시나요?

+ years + have you been in Seoul?

당신은 서울에서 몇 년이나 계셨나요?

+ people + can do that?

몇 명이 그것을 할 수 있나요?

How much + is it?

그거 얼마인가요?

+ do you love me?

당신은 저를 얼마나 사랑하나요?

+ time + do you need?

당신은 얼마나 시간이 필요하나요?

+ money + did he make?

그는 얼마나 돈을 벌었나요?

+ water + do you drink a day?

당신은 하루에 얼마나 물을 마시나요?

말 트이기 연습

441. 제가 당신에게 몇 번이나 말해야 하나요?

....

442. 제가 기차를 몇 번이나 갈아타야 하나요?

....

443. 5월은 며칠이나 있나요?

....

444. 제가 여기 며칠이나 머물러야 하나요?

....

445. 당신은 하루에 TV를 몇 시간이나 보시나요?

....

446. 당신은 일주일에 몇 시간이나 일할 수 있나요?

....

447. 당신은 서울에서 몇 년이나 계셨나요?

....

448. 당신은 여기서 몇 년이나 근무하셨나요?

....

449. 몇 명이 그것을 할 수 있나요?

....

450. 몇 명이 한 반에 있나요?

....

451. 그거 얼마인가요?

....

452. 한국 돈으로 그거 얼마인가요?

....

453. 당신은 저를 얼마나 사랑하나요?

....

454. 제가 당신에게 얼마 빚졌죠? / 얼마 내야 하나요? * owe : 빚지다

....

455. 당신은 얼마나 시간이 필요하나요?

....

456. 당신은 쇼핑하는 데 얼마나 시간을 쓰나요? * spend on : ~에 소비하다

....

457. 그는 얼마나 돈을 벌었나요?

....

458. 그가 여행하는 데 얼마나 돈을 썼나요?

....

459. 당신은 하루에 얼마나 물을 마시나요?

....

460. 그 컵에 물이 얼마나 있나요?

....

말 트이기 연습 - 해답

441. 제가 당신에게 몇 번이나 말해야 하나요?

How many times do I have to tell you?

442. 제가 기차를 몇 번이나 갈아타야 하나요?

How many times do I have to change trains?

443. 5월은 며칠이나 있나요?

How many days are there in May?

444. 제가 여기 며칠이나 머물러야 하나요?

How many days do I have to stay here?

445. 당신은 하루에 TV를 몇 시간이나 보시나요?

How many hours do you watch TV a day?

446. 당신은 일주일에 몇 시간이나 일할 수 있나요?

How many hours can you work a week?

447. 당신은 서울에서 몇 년이나 계셨나요?

How many years have you been in Seoul?

448. 당신은 여기서 몇 년이나 근무하셨나요?

How many years have you worked here?

449. 몇 명이 그것을 할 수 있나요?

How many people can do that?

450. 몇 명이 한 반에 있나요?

How many people are there in a class?

451. 그거 얼마인가요?

How much is it?

452. 한국 돈으로 그거 얼마인가요?

How much is it in Korean money?

453. 당신은 저를 얼마나 사랑하나요?

How much do you love me?

454. 제가 당신에게 얼마 빚졌죠? / 얼마 내야 하나요?

How much do I owe you?

455. 당신은 얼마나 시간이 필요하나요?

How much time do you need?

456. 당신은 쇼핑하는 데 얼마나 시간을 쓰나요?

How much time do you spend on shopping?

457. 그는 얼마나 돈을 벌었나요?

How much money did he make?

458. 그가 여행하는 데 얼마나 돈을 썼나요?

How much money did he spend on the trip?

459. 당신은 하루에 얼마나 물을 마시나요?

How much water do you drink a day?

460. 그 컵에 물이 얼마나 있나요?

How much water is in the cup?

144강 [의문사질문 : 얼마나 ~ 됐나요? / 걸리나요?/먼가요?]

How old / long / far ?

TIP

144강에서는 'How' 다음에 시간이나 거리를 의미하는 형용사가 붙어서 그 의미가 다양해지는 표현을 배워 보도록 한다.

첫 번째 표현은 'How' 뒤에 'old'가 붙어 '얼마나 오래됐나요?'라는 의미지만, 자연스럽게 사람에 대해서는 연령을 물어보는 의미로 '몇 살인가요?'라는 의미라고 알아 두면 된다.

두 번째 표현은 'How' 뒤에 'long'이 붙는 경우이다. 'How long' 하면 '~을 하는 데 걸리는 시간' 즉, '시간적 거리'라고 알아두면 된다. 해석할 경우에는 '물리적인 거리'가 아닌 '걸리는 시간'에 중점을 둔다.

세 번째 표현은 'How' 뒤에 'far'이 붙는 경우이다. 'far' 자체가 '먼~'이라는 의미로서 '물리적인 거리'의 의미로 새겨 두면 된다.

얼마나 됐나요? 얼마나 걸리나요? 얼마나 먼가요?		의미
How old	are you?	당신은 몇 살인가요?
	is this building?	이 빌딩은 얼마나 됐나요?
How long	does it take?	얼마나 걸리나요?
	will it take?	얼마나 걸릴까요?
	has it been	얼마나 ~하고 있나요? (~에 걸리고 있나요?)
	have you	당신은 얼마나 ~했나요? (당신은 ~에 얼마나 걸렸나요?)
	have you been	당신은 얼마나 ~해 오고 있나요? (당신은 ~에 얼마나 걸려 오고 있나요?)
How far	is it?	얼마나 먼가요?
	is it to Pusan?	부산까지 얼마나 먼가요?

(How old) + are you?

당신은 몇 살인가요?

+ is this building?

이 빌딩은 얼마나 됐나요?

(How long) + does it take to the park?

공원까지 얼마나 걸리나요?

+ does it take to get there?

거기까지 가는 데 얼마나 걸리나요?

+ will it take to London?

런던까지 가는 데 얼마나 걸릴까요?

+ will it take to get a credit card?

신용카드 받는 데 얼마나 걸릴까요?

+ has it been raining?

비가 얼마나 오고 있나요?

+ have you lived together?

당신들은 얼마나 함께 살았나요?

+ have you been driving?

당신은 얼마나 운전해 오고 있나요?

(How far) + is it to Pusan?

부산까지 얼마나 먼가요?

말 트이기 연습

461. 당신은 몇 살인가요?

....

462. 이 빌딩은 얼마나 됐나요?

....

463. 이 절은 얼마나 됐나요?

....

464. 공원까지 얼마나 걸리나요?

....

465. 여기서부터 공원까지 얼마나 걸리나요? * from A to B : A부터 B까지

....

466. 거기까지 가는 데 얼마나 걸리나요?

....

467. 그 책을 쓰는 데 얼마나 걸리나요?

....

468. 숙제 끝내는 데 얼마나 걸리나요?

....

469. 커피 타는 데 얼마나 걸리나요?

....

470. 직장 구하는 데 얼마나 걸리나요?

....

471. 런던까지 가는 데 얼마나 걸릴까요?

....

472. 제 차 수리하는 데 얼마나 걸릴까요? *fix : 수리하다

....

473. 신용카드 받는 데 얼마나 걸릴까요?

....

474. 비가 얼마나 (오래) 오고 있나요?

....

475. 당신들은 얼마나 함께 살았나요?

....

476. 당신은 얼마나 운전해 오고 있나요?

....

477. 당신은 얼마나 여기서 기다리고 있나요?

....

478. 부산까지 얼마나 먼가요?

....

479. 공항까지 얼마나 먼가요?

....

480. 공항에서 얼마나 먼가요?

....

말 트이기 연습 - 해답

461. 당신은 몇 살인가요?

How old are you?

462. 이 빌딩은 얼마나 됐나요?

How old is this building?

463. 이 절은 얼마나 됐나요?

How old is this temple?

464. 공원까지 얼마나 걸리나요?

How long does it take to the park?

465. 여기서부터 공원까지 얼마나 걸리나요?

How long does it take from here to the park?

466. 거기까지 가는 데 얼마나 걸리나요?

How long does it take to get there?

467. 그 책을 쓰는 데 얼마나 걸리나요?

How long does it take to write the book?

468. 숙제 끝내는 데 얼마나 걸리나요?

How long does it take to finish your homework?

469. 커피 타는 데 얼마나 걸리나요?

How long does it take to make coffee?

470. 직장 구하는 데 얼마나 걸리나요?

How long does it take to get a job?

471. 런던까지 가는 데 얼마나 걸릴까요?

How long will it take to London?

472. 제 차 수리하는 데 얼마나 걸릴까요?

How long will it take to fix my car?

473. 신용카드 받는 데 얼마나 걸릴까요?

How long will it take to get a credit card?

474. 비가 얼마나 (오래) 오고 있나요?

How long has it been raining?

475. 당신들은 얼마나 함께 살았나요?

How long have you lived together?

476. 당신은 얼마나 운전해 오고 있나요?

How long have you been driving?

477. 당신은 얼마나 여기서 기다리고 있나요?

How long have you been waiting here?

478. 부산까지 얼마나 먼가요?

How far is it to Pusan?

479. 공항까지 얼마나 먼가요?

How far is it to the airport?

480. 공항에서 얼마나 먼가요?

How far is it from the airport?

145강 [의문사질문 : 얼마나 자주? /언제쯤?/몇 시까지?]

How often / soon / late ?

145강에서는 'How' 다음에 빈도나 순서를 의미하는 형용사가 붙어서 그 의미가 다양해지는 표현을 배워 보도록 한다.

첫 번째 표현은 'How' 뒤에 'often'이 붙어 'How often'이라고 질문하는 경우이다. '얼마나 자주?'라는 의미로, 어떤 상황이 일어나는 횟수나 빈도를 물어본다.

두 번째 표현은 'How' 뒤에 'soon'이 붙어 'How soon'이라고 질문하는 경우이다. '얼마나 빨리, 언제쯤?'이라는 의미로 어떤 상황이 일어나는 순서 중 가장 빨리 일어나는 시간을 물어본다.

세 번째 표현은 'How' 뒤에 'late'가 붙어 'How late'라고 질문하는 경우이다. '얼마나 늦게, 몇 시까지?'라는 의미로 어떤 상황이 일어나는 순서 중 가장 늦게 일어나는 시간을 물어본다.

얼마나 자주? 언제쯤? 몇 시까지?		의미
How often	do you drink milk?	얼마나 자주 우유 마시나요?
	do you eat out?	얼마나 자주 외식 하시나요?
How soon	can you fix it?	언제쯤 그거 고칠 수 있나요?
	can you move in?	언제쯤 이사 들어올 수 있나요?
How late	do you open?	몇 시까지 하시나요?
	can I arrive?	몇 시까지 제가 도착할 수 있나요?

큰 소리로 읽어 봅시다.

(How often) + do you drink milk?

얼마나 자주 우유 마시나요?

+ do you eat out?

얼마나 자주 외식 하시나요?

+ do you read a book?

얼마나 자주 책 읽으시나요?

+ do you go shopping?

얼마나 자주 쇼핑하러 가시나요?

+ does the bus come?

얼마나 자주 버스가 오나요?

(How soon) + can you fix it?

언제쯤 그거 고칠 수 있나요?

+ can you move in?

언제쯤 이사 들어올 수 있나요?

+ can I get it back?

언제쯤 그거 돌려받을 수 있나요?

(How late) + do you open?

몇 시까지 하시나요?

+ can I arrive?

몇 시까지 제가 도착할 수 있나요?

159

말 트이기 연습

481. 얼마나 자주 우유 마시나요?

....

482. 얼마나 자주 외식하시나요?

....

483. 얼마나 자주 TV 보시나요?

....

484. 얼마나 자주 테니스 치시나요?

....

485. 얼마나 자주 책 읽으시나요?

....

486. 얼마나 자주 그녀로부터 소식을 듣나요?

....

487. 얼마나 자주 부모님과 시간을 보내시나요?

....

488. 얼마나 자주 쇼핑하러 가시나요?

....

489. 얼마나 자주 버스가 오나요?

....

490. 얼마나 자주 이런 일이 발생하나요?

....

491. 언제쯤 그거 고칠 수 있나요?

....

492. 언제쯤 이사 들어올 수 있나요?

....

493. 언제쯤 그거 돌려받을 수 있나요?

....

494. 언제쯤 주문한 것 받을 수 있나요?

....

495. 언제쯤 영화가 시작하나요?

....

496. 몇 시까지 하시나요?

....

497. 몇 시까지 당신은 일해야 하나요?

....

498. 몇 시까지 제가 도착할 수 있나요?

....

499. 몇 시까지 밤에 제가 당신에게 전화할 수 있나요?

....

500. 몇 시까지 은행은 하나요? * be open : 열리다

....

말 트이기 연습 - 해답

481. 얼마나 자주 우유 마시나요?

How often do you drink milk?

482. 얼마나 자주 외식하시나요?

How often do you eat out?

483. 얼마나 자주 TV 보시나요?

How often do you watch TV?

484. 얼마나 자주 테니스 치시나요?

How often do you play tennis?

485. 얼마나 자주 책 읽으시나요?

How often do you read a book?

486. 얼마나 자주 그녀로부터 소식을 듣나요?

How often do you hear from her?

487. 얼마나 자주 부모님과 시간을 보내시나요?

How often do you spend time with your parents?

488. 얼마나 자주 쇼핑하러 가시나요?

How often do you go shopping?

489. 얼마나 자주 버스가 오나요?

How often does the bus come?

490. 얼마나 자주 이런 일이 발생하나요?

How often does this happen?

491. 언제쯤 그거 고칠 수 있나요?

How soon can you fix it?

492. 언제쯤 이사 들어올 수 있나요?

How soon can you move in?

493. 언제쯤 그거 돌려받을 수 있나요?

How soon can I get it back?

494. 언제쯤 주문한 것 받을 수 있나요?

How soon can I get the order?

495. 언제쯤 영화가 시작하나요?

How soon does the movie start?

496. 몇 시까지 하시나요?

How late do you open?

497. 몇 시까지 당신은 일해야 하나요?

How late do you have to work?

498. 몇 시까지 제가 도착할 수 있나요?

How late can I arrive?

499. 몇 시까지 밤에 제가 당신에게 전화할 수 있나요?

How late can I call you at night?

500. 몇 시까지 은행은 하나요?

How late is the bank open?

146강 [의문사질문 : ~ 어때요?]

How about ?

~ 어때요?		의미
	Saturday?	토요일 날 약속 어때요?
	another cup of coffee?	커피 한잔 더 어때요?
	at the main gate?	정문에서 어때요?
	the same time tomorrow?	내일 같은 시간 어때요?
	a drink after work?	퇴근 후 한잔 어때요?
How about	saying hello to her?	그녀에게 안부 묻는 거 어때요?
	taking a nap?	낮잠 자는 거 어때요?
	working as a freelancer?	프리랜서로 일하는 거 어때요?
	stopping by my place?	제 집 잠깐 들르는 거 어때요?
	buying flowers for her?	그녀에게 꽃 사 주는 거 어때요?

(How about) + Saturday?

토요일 날 약속 어때요?

+ another cup of coffee?

커피 한잔 더 어때요?

+ at the main gate?

정문에서 어때요?

+ the same time tomorrow?

내일 같은 시간 어때요?

+ a drink after work?

퇴근 후 한잔 어때요?

+ saying hello to her?

그녀에게 안부 묻는 거 어때요?

+ taking a nap?

낮잠 자는 거 어때요?

+ working as a freelancer?

프리랜서로 일하는 거 어때요?

+ stopping by my place?

제 집 잠깐 들르는 거 어때요?

+ buying flowers for her?

그녀에게 꽃 사 주는 거 어때요?

말 트이기 연습

501. 토요일 날 약속 어때요?

....

502. 깜짝 파티 어때요?

....

503. 커피 한잔 더 어때요?

....

504. 내일이나 그 다음 날 어때요?

....

505. 정문에서 어때요?

....

506. 돌아오는 금요일에 테니스 어때요? * this coming ~ : 이번 돌아오는

....

507. 내일 같은 시간 어때요?

....

508. 화요일 오후 3시 30분 어때요?

....

509. 퇴근 후 한잔 어때요?

....

510. 매달 첫째 월요일 어때요?

....

511. 그녀에게 안부 묻는 거 어때요? * say hello to : 안부 묻다

....

512. 창가 옆에 앉는 거 어때요?

....

513. 낮잠 자는 거 어때요?

....

514. 내일 저랑 점심하는 거 어때요?

....

515. 프리랜서로 일하는 거 어때요?

....

516. 제 생일 파티에 오시는 거 어때요?

....

517. 제 집 잠깐 들르는 거 어때요?

....

518. 한잔 하러 외출하는 거 어때요?

....

519. 그녀에게 꽃 사 주는 거 어때요?

....

520. 5분 후에 다시 전화하시는 거 어때요?

....

말 트이기 연습 - 해답

501. 토요일 날 약속 어때요?

How about Saturday?

502. 깜짝 파티 어때요?

How about a surprise party?

503. 커피 한잔 더 어때요?

How about another cup of coffee?

504. 내일이나 그 다음 날 어때요?

How about tomorrow or the next day?

505. 정문에서 어때요?

How about at the main gate?

506. 돌아오는 금요일에 테니스 어때요?

How about tennis this coming Friday?

507. 내일 같은 시간 어때요?

How about the same time tomorrow?

508. 화요일 오후 3시 30분 어때요?

How about Tuesday afternoon at 3:30?

509. 퇴근 후 한잔 어때요?

How about a drink after work?

510. 매달 첫째 월요일 어때요?

How about every first Monday?

511. 그녀에게 안부 묻는 거 어때요?

How about saying hello to her?

512. 창가 옆에 앉는 거 어때요?

How about sitting next to the window?

513. 낮잠 자는 거 어때요?

How about taking a nap?

514. 내일 저랑 점심하는 거 어때요?

How about having lunch with me tomorrow?

515. 프리랜서로 일하는 거 어때요?

How about working as a freelancer?

516. 제 생일 파티에 오시는 거 어때요?

How about coming to my birthday party?

517. 제 집 잠깐 들르는 거 어때요?

How about stopping by my place?

518. 한잔 하러 외출하는 거 어때요?

How about going out for a drink?

519. 그녀에게 꽃 사 주는 거 어때요?

How about buying flowers for her?

520. 5분 후에 다시 전화하시는 거 어때요?

How about calling again in 5 minutes?

147강 [의문사질문 : 어째서 ~하나요?]

How come + 주어 + 동사 ?

TIP

147강에서는 'How' 다음에 동사 'come'이 와서 만들어지는 회화 표현 'How come'에 대해 알아보자.

회화 표현의 의미로는 생각지도 않은 일이 일어난 것에 대해 놀라워서 하는 표현으로 많이 사용된다. 우선, 의미는 '어째서 ~하나요?'라는 의미이며, 발생한 상황에 대해 꼭 그 이유를 알고 싶어서라기보다는, '그런 일이 발생해서 놀랍다, 어이가 없다'라는 의미로서 받아들이면 된다. 뒤에 150강에서 배우게 될 'Why' 접속사와 약간의 뉘앙스 차이 및 문법적 차이가 있으니 주의할 것.

* How come he is late? : 어째서 그가 늦나요?
* (원문) How <u>does it</u> come <u>that</u> he is late? (밑줄 단어가 생략된 형태)

어째서 ~하나요?		의미
	you are so late?	어째서 그렇게 늦나요?
	you are not eating lunch?	어째서 점심을 먹으려고 하지 않나요?
How come	you didn't visit my place?	어째서 제 집을 방문하지 않았나요?
	you broke up with her?	어째서 그녀와 헤어졌나요?
	it's so expensive?	어째서 그렇게 비싼가요?

(How come) + you are so late?

어째서 그렇게 늦나요?

+ you are so tired?

어째서 그렇게 피곤한가요?

+ you are not eating lunch?

어째서 점심을 먹으려고 하지 않나요?

+ you didn't call me last night?

어째서 어젯밤 제게 전화하지 않았나요?

+ you didn't visit my place?

어째서 제 집을 방문하지 않았나요?

+ you moved your office?

어째서 회사를 이사했나요?

+ you broke up with her?

어째서 그녀와 헤어졌나요?

+ we never met?

어째서 우리는 만난 적이 없나요?

+ it's so expensive?

어째서 그렇게 비싼가요?

+ it's been raining for two weeks?

어째서 2주 동안 비가 오고 있나요?

말 트이기 연습

521. 어째서 그렇게 늦나요?

....

522. 어째서 그렇게 화가 났나요?

....

523. 어째서 그렇게 피곤한가요?

....

524. 어째서 여전히 자고 있나요?

....

525. 어째서 점심을 먹으려고 하지 않나요?

....

526. 어째서 학교에 가지를 않았나요?

....

527. 어째서 어젯밤 제게 전화하지 않았나요?

....

528. 어째서 아무것도 말하지 않았나요?

....

529. 어째서 제 집을 방문하지 않았나요?

....

530. 어째서 그것을 몰랐나요?

....

531. 어째서 회사를 이사했나요?

....

532. 어째서 시간이 없나요?

....

533. 어째서 그녀와 헤어졌나요?

....

534. 어째서 딱지를 떼었나요?

....

535. 어째서 우리는 만난 적이 없나요?

....

536. 어째서 여기 이렇게 어두운가요?

....

537. 어째서 그렇게 비싼가요?

....

538. 어째서 작동을 안 하나요? *work : 작동하다

....

539. 어째서 2주 동안 비가 오고 있나요?

....

540. 어째서 얼굴 보기도 힘든가요?

....

말 트이기 연습 - 해답

521. 어째서 그렇게 늦나요?

How come you are so late?

522. 어째서 그렇게 화가 났나요?

How come you are so angry?

523. 어째서 그렇게 피곤한가요?

How come you are so tired?

524. 어째서 여전히 자고 있나요?

How come you are still sleeping?

525. 어째서 점심을 먹으려고 하지 않나요?

How come you are not eating lunch?

526. 어째서 학교에 가지를 않았나요?

How come you didn't go to school?

527. 어째서 어젯밤 제게 전화하지 않았나요?

How come you didn't call me last night?

528. 어째서 아무것도 말하지 않았나요?

How come you didn't say anything?

529. 어째서 제 집을 방문하지 않았나요?

How come you didn't visit my place?

530. 어째서 그것을 몰랐나요?

How come you didn't know that?

531. 어째서 회사를 이사했나요?

How come you moved your office?

532. 어째서 시간이 없나요?

How come you had no time?

533. 어째서 그녀와 헤어졌나요?

How come you broke up with her?

534. 어째서 딱지를 떼었나요?

How come you got a ticket?

535. 어째서 우리는 만난 적이 없나요?

How come we never met?

536. 어째서 여기 이렇게 어두운가요?

How come it's so dark in here?

537. 어째서 그렇게 비싼가요?

How come it's so expensive?

538. 어째서 작동을 안 하나요?

How come it's not working?

539. 어째서 2주 동안 비가 오고 있나요?

How come it's been raining for two weeks?

540. 어째서 얼굴 보기도 힘든가요?

How come it's hard to see your face?

148강 [의문사질문 : 언제 ~인가요?]

When ?

TIP

148강에서는 'When'으로 질문하는 회화 표현에 대해 공부해 보기로 한다.
이미 2권 '의문사' 편에서 공부한 바 있지만, 이 강에서는 좀 더 다양하게 쓰이는 표현 위주로 정리해 보기로 한다. 의미 자체가 '시간이나 때'를 나타내는 부사의 의미이기 때문에 문장에서 부사의 성격으로 생각하면 된다.
'When' 다음에 be 동사 혹은 일반 동사로 질문하는 각각의 표현을 알아보자.

언제 ~인가요?		의미
When	is your birthday?	당신 생일은 언제인가요?
	is the best time to sell?	판매하기 가장 좋은 시기는 언제인가요?
	was the last time you saw her?	마지막으로 그녀를 본 게 언제인가요?
	do you plan to leave here?	언제 여기를 떠날 계획인가요?
	did you park your car?	언제 차를 주차하셨나요?
	can I see you again?	언제 당신을 다시 볼 수 있나요?
	will you meet your friend?	언제 당신 친구를 만날 건가요?
	would be a good time for you?	언제가 좋으신가요?
	would you like to eat?	언제 드시고 싶으세요?

(When) + is your birthday?

당신 생일은 언제인가요?

+ is the best time to sell?

판매하기 가장 좋은 시기는 언제인가요?

+ was the last time you saw her?

마지막으로 그녀를 본 게 언제인가요?

+ was the last time you spoke to your father?

마지막으로 당신 아버지께 전화 드린 게 언제인가요?

+ do you plan to leave here?

언제 여기를 떠날 계획인가요?

+ did you park your car?

언제 차를 주차하셨나요?

+ can I see you again?

언제 당신을 다시 볼 수 있나요?

+ will you meet your friend?

언제 당신 친구를 만날 건가요?

+ would be a good time for you?

언제가 좋으신가요?

+ would you like to eat?

언제 드시고 싶으세요?

말 트이기 연습

541. 당신 생일은 언제인가요?

....

542. 시카고로 떠나는 다음 비행기는 언제 있나요?

....

543. 판매하기 가장 좋은 시기는 언제인가요?

....

544. 그를 방문하기 가장 좋은 시기는 언제인가요?

....

545. 전화하기 가장 좋은 시기는 언제인가요?

....

546. 마지막으로 그녀를 본 게 언제인가요?

....

547. 마지막으로 당신 아버지께 전화 드린 게 언제인가요?

....

548. 마지막으로 엔진 오일을 언제 갈았나요? * change your oil : 엔진 오일 갈다

....

549. 마지막으로 남자 친구 언제 있었나요?

....

550. 마지막으로 진료를 언제 받았었나요?

....

551. 언제 여기를 떠날 계획인가요?

....

552. 언제 당신 어머니께 말씀드릴 계획인가요?

....

553. 언제 파티를 하실 계획인가요?

....

554. 언제 외국으로 나갈 계획인가요?

....

555. 언제 결혼하실 계획인가요?

....

556. 언제 차를 주차하셨나요?

....

557. 언제 당신을 다시 볼 수 있나요?

....

558. 언제 당신 친구를 만날 건가요?

....

559. 언제가 좋으신가요?

....

560. 언제 드시고 싶으세요?

....

말 트이기 연습 - 해답

541. 당신 생일은 언제인가요?

When is your birthday?

542. 시카고로 떠나는 다음 비행기는 언제 있나요?

When is the next flight to Chicago?

543. 판매하기 가장 좋은 시기는 언제인가요?

When is the best time to sell?

544. 그를 방문하기 가장 좋은 시기는 언제인가요?

When is the best time to visit him?

545. 전화하기 가장 좋은 시기는 언제인가요?

When is the best time to call?

546. 마지막으로 그녀를 본 게 언제인가요?

When was the last time you saw her?

547. 마지막으로 당신 아버지께 전화 드린 게 언제인가요?

When was the last time you spoke to your father?

548. 마지막으로 엔진 오일을 언제 갈았나요?

When was the last time you changed your oil?

549. 마지막으로 남자 친구 언제 있었나요?

When was the last time you had a boy friend?

550. 마지막으로 진료를 언제 받았었나요?

When was the last time you saw a doctor?

551. 언제 여기를 떠날 계획인가요?

When do you plan to leave here?

552. 언제 당신 어머니께 말씀드릴 계획인가요?

When do you plan to tell your mother?

553. 언제 파티를 하실 계획인가요?

When do you plan to have a party?

554. 언제 외국으로 나갈 계획인가요?

When do you plan to go abroad?

555. 언제 결혼하실 계획인가요?

When do you plan to get married?

556. 언제 차를 주차하셨나요?

When did you park your car?

557. 언제 당신을 다시 볼 수 있나요?

When can I see you again?

558. 언제 당신 친구를 만날 건가요?

When will you meet your friend?

559. 언제가 좋으신가요?

When would be a good time for you?

560. 언제 드시고 싶으세요?

When would you like to eat?

149강 [의문사질문 : 어디서(에) ~인가요?]

Where ?

149강에서는 'Where'로 질문하는 회화 표현에 대해 공부해 보기로 한다.
의미는 역시 장소 '어디서 ~'라고 해석되는 부사의 역할을 한다. 이 의문사도 2권에서 공부한 바 있지만, 실제 회화에서 좀 더 다양하게 쓰이는 표현 위주로 정리해 보기로 한다.
'Where' 다음에 be 동사 혹은 일반 동사로 질문하는 각각의 표현을 알아보자.

어디서(에) ~인가요?		의미
Where	is your office?	당신 사무실은 어디에 있나요?
	is the best place to sell?	판매하기 가장 좋은 장소는 어디인가요?
	is the most popular spot in this city?	이 도시에서 가장 인기 있는 장소는 어디인가요?
	is the nearest rest room?	어디가 가장 가까운 화장실인가요?
	do you want to look around?	어디서 둘러보고 싶으세요?
	did you leave the keys?	어디에 열쇠 두었나요?
	can I find the elevator?	어디에 승강기가 있나요?
	would you like to sit?	어디에 앉으시겠습니까?

Where + is your office?

당신 사무실은 어디에 있나요?

+ is the best place to sell?

판매하기 가장 좋은 장소는 어디인가요?

+ is the best place to stay?

머물기 가장 좋은 장소는 어디인가요?

+ is the most popular spot in this city?

이 도시에서 가장 인기 있는 장소는 어디인가요?

+ is the nearest rest room?

어디가 가장 가까운 화장실인가요?

+ is the nearest gas station?

어디가 가장 가까운 주유소인가요?

+ do you want to look around?

어디서 둘러보고 싶으세요?

+ did you leave the keys?

어디에 열쇠 두었나요?

+ can I find the elevator?

어디에 승강기가 있나요?

+ would you like to sit?

어디에 앉으시겠습니까?

말 트이기 연습

561. 당신 사무실은 어디에 있나요?

....

562. 시카고로 떠나는 다음 비행기가 어디에 있나요?

....

563. 판매하기 가장 좋은 장소는 어디인가요?

....

564. 머물기 가장 좋은 장소는 어디인가요?

....

565. 살기 가장 좋은 장소는 어디인가요?

....

566. 주차하기 가장 좋은 장소는 어디인가요?

....

567. 만나기 가장 좋은 장소는 어디인가요?

....

568. 이 도시에서 가장 인기 있는 장소는 어디인가요?

....

569. 이 도시에서 가장 유명한 공원은 어디인가요?

....

570. 이 도시에서 가장 아름다운 장소는 어디인가요?

....

571. 어디가 가장 가까운 화장실인가요?

....

572. 어디가 가장 가까운 주유소인가요?

....

573. 어디가 가장 가까운 지하철역인가요?

....

574. 어디가 가장 가까운 은행인가요?

....

575. 어디가 가장 가까운 식당인가요?

....

576. 어디서 둘러보고 싶으세요?

....

577. 어디에 열쇠 두었나요?

....

578. 어디에 승강기가 있나요?

....

579. 어디에 앉으시겠습니까?

....

580. 어디로 모실까요?

....

말 트이기 연습 - 해답

561. 당신 사무실은 어디에 있나요?

Where is your office?

562. 시카고로 떠나는 다음 비행기가 어디에 있나요?

Where is the next flight to Chicago?

563. 판매하기 가장 좋은 장소는 어디인가요?

Where is the best place to sell?

564. 머물기 가장 좋은 장소는 어디인가요?

Where is the best place to stay?

565. 살기 가장 좋은 장소는 어디인가요?

Where is the best place to live?

566. 주차하기 가장 좋은 장소는 어디인가요?

Where is the best place to park?

567. 만나기 가장 좋은 장소는 어디인가요?

Where is the best place to meet?

568. 이 도시에서 가장 인기 있는 장소는 어디인가요?

Where is the most popular spot in this city?

569. 이 도시에서 가장 유명한 공원은 어디인가요?

Where is the most famous park in this city?

570. 이 도시에서 가장 아름다운 장소는 어디인가요?

Where is the most beautiful place in this city?

571. 어디가 가장 가까운 화장실인가요?

Where is the nearest rest room?

572. 어디가 가장 가까운 주유소인가요?

Where is the nearest gas station?

573. 어디가 가장 가까운 지하철역인가요?

Where is the nearest subway station?

574. 어디가 가장 가까운 은행인가요?

Where is the nearest bank?

575. 어디가 가장 가까운 식당인가요?

Where is the nearest restaurant?

576. 어디서 둘러보고 싶으세요?

Where do you want to look around?

577. 어디에 열쇠 두었나요?

Where did you leave the keys?

578. 어디에 승강기가 있나요?

Where can I find the elevator?

579. 어디에 앉으시겠습니까?

Where would you like to sit?

580. 어디로 모실까요?

Where would you like to go?

150강 [의문사질문 : 왜 ~ 인가요 ?]

Why ?

TIP

150강에서는 'Why'로 질문하는 회화 표현에 대해 공부해 보기로 한다.

의미는 '왜 ~'라는 이유를 물어보는 표현으로 사용된다. 경우에 따라서는 약간 다른 의미를 내포하기도 한다.

'Why' 다음에 be 동사 혹은 일반 동사로 질문하는 각각의 표현을 알아보자.

* 특히 맨 끝의 'Why don't you' 표현은 비록 'Why'가 있지만, 이유를 물어보기보다는 상대방에게 '~하는 게 어떤가요?'라고 하는 권유의 의미가 있다는 것을 주의하자.

왜 ~인가요?		의미
Why	is he so busy?	그는 왜 그렇게 바쁜가요?
	are you so rude?	당신은 왜 그렇게 무례한가요?
	is he looking at me?	그가 왜 날 쳐다보고 있나요?
	are you saying that?	당신은 왜 그것을 말하고 있나요?
	do you like it so much?	당신은 왜 그렇게 많이 그것을 좋아하나요?
	do you look so tired?	당신은 왜 그렇게 피곤해 보이나요?
	don't you try it again?	그것 다시 한 번 해 보는 거 어떤가요?
	don't you take a break?	잠시 쉬는 것 어떤가요?

(Why) + is he so busy?

그는 왜 그렇게 바쁜가요?

+ are you so rude?

당신은 왜 그렇게 무례한가요?

+ are you so interested in my sister?

당신은 왜 그렇게 제 여동생에 관심이 있나요?

+ is he looking at me?

그가 왜 날 쳐다보고 있나요?

+ is she waiting for him?

그녀가 왜 그를 기다리고 있나요?

+ are you saying that?

당신은 왜 그것을 말하고 있나요?

+ do you like it so much?

당신은 왜 그렇게 많이 그것을 좋아하나요?

+ do you look so tired?

당신은 왜 그렇게 피곤해 보이나요?

+ don't you try it again?

그것 다시 한 번 해 보는 거 어떤가요?

+ don't you take a break?

잠시 쉬는 것 어떤가요?

말 트이기 연습

581. 그는 왜 그렇게 바쁜가요?

....

582. 그녀는 왜 그렇게 화난 건가요?

....

583. 당신은 왜 그렇게 무례한가요?

....

584. 당신은 왜 그렇게 늦었나요?

....

585. 당신은 왜 그렇게 제 여동생에 관심이 있나요?

....

586. 그가 왜 날 쳐다보고 있나요?

....

587. 그녀가 왜 그를 기다리고 있나요?

....

588. 당신은 왜 그것을 말하고 있나요?

....

589. 당신은 왜 그녀를 만나려고 하나요?

....

590. 당신은 왜 그렇게 일찍 떠나려고 하나요?

....

큰 소리로 읽으면서 직접 써 봅시다.

591. 당신은 왜 그렇게 많이 그것을 좋아하나요?

....

592. 당신은 왜 그렇게 피곤해 보이나요?

....

593. 당신은 왜 그렇게 슬퍼 보이나요?

....

594. 당신은 왜 제 나이를 알고 싶어 하나요?

....

595. 당신은 왜 영어를 공부하고 싶어 하나요?

....

596. 그것 다시 한 번 해 보는 거 어떤가요?

....

597. 잠시 쉬는 것 어떤가요?

....

598. 택시 잡는 것 어떤가요?

....

599. 우리랑 한잔 하러 가는 거 어떤가요? (why)

....

600. 잠시 기다리는 거 어떤가요? (why) * for a while : 잠시

....

말 트이기 연습 - 해답

581. 그는 왜 그렇게 바쁜가요?

Why is he so busy?

582. 그녀는 왜 그렇게 화난 건가요?

Why is she so angry?

583. 당신은 왜 그렇게 무례한가요?

Why are you so rude?

584. 당신은 왜 그렇게 늦었나요?

Why are you so late?

585. 당신은 왜 그렇게 제 여동생에 관심이 있나요?

Why are you so interested in my sister?

586. 그가 왜 날 쳐다보고 있나요?

Why is he looking at me?

587. 그녀가 왜 그를 기다리고 있나요?

Why is she waiting for him?

588. 당신은 왜 그것을 말하고 있나요?

Why are you saying that?

589. 당신은 왜 그녀를 만나려고 하나요?

Why are you trying to meet her?

590. 당신은 왜 그렇게 일찍 떠나려고 하나요?

Why are you leaving so early?

591. 당신은 왜 그렇게 많이 그것을 좋아하나요?

Why do you like it so much?

592. 당신은 왜 그렇게 피곤해 보이나요?

Why do you look so tired?

593. 당신은 왜 그렇게 슬퍼 보이나요?

Why do you look so sad?

594. 당신은 왜 제 나이를 알고 싶어 하나요?

Why do you want to know my age?

595. 당신은 왜 영어를 공부하고 싶어 하나요?

Why do you want to learn English?

596. 그것 다시 한 번 해 보는 거 어떤가요?

Why don't you try it again?

597. 잠시 쉬는 것 어떤가요?

Why don't you take a break?

598. 택시 잡는 것 어떤가요?

Why don't you take a taxi?

599. 우리랑 한잔 하러 가는 거 어떤가요?

Why don't you join us for a drink?

600. 잠시 기다리는 거 어떤가요?

Why don't you wait for a while?

PASSPORT 5

다음 문장을 읽고 1초 내에 바로 말할 수 있도록 훈련해 봅시다.

401. 제가 먹을 것 좀 얻어도 될까요?

....

402. 제가 메시지 받아도 될까요?

....

403. 제가 질문해도 될까요?

....

404. 제가 부탁해도 될까요?

....

405. 마실 것 좀 주실래요?

....

406. 여기가 어디인지 말해주실래요?

....

407. 경찰서로 가는 길 좀 알려주실래요?

....

408. 다시 전화해 주실래요?

....

409. 회의 참석하실 예정인가요?

....

410. 직장 구하려고 하나요?

....

큰 소리로 답을 말해 봅시다.

총 100문장 중 80문장 이상 맞히시면 다음 과정으로 넘어가세요.

411. 식사 다 했나요?

....

412. 지금 주문하실 건가요?

....

413. 저희 회사에 입사하고 싶으신가요?

....

414. 둘러보길 원하세요?

....

415. 같이 하길 원하세요?

....

416. 운전하는 법 아시나요?

....

417. 오늘 비가 올 것 같은가요?

....

418. 당신이 그것을 처리할 수 있을 것 같은가요?

....

419. 오늘 두 시라고요?

....

420. 오늘 밤 외식하고 싶으세요? (feel like)

....

PASSPORT 5

다음 문장을 읽고 1초 내에 바로 말할 수 있도록 훈련해 봅시다.

401. 제가 먹을 것 좀 얻어도 될까요?

Can I get something to eat?

402. 제가 메시지 받아도 될까요?

Can I take a message?

403. 제가 질문해도 될까요?

Can I ask a question?

404. 제가 부탁해도 될까요?

Can I ask (you) a favor?

405. 마실 것 좀 주실래요?

Can you get me a drink?

406. 여기가 어디인지 말해주실래요?

Can you tell me where I am?

407. 경찰서로 가는 길 좀 알려주실래요?

Can you show me the way to the police station?

408. 다시 전화해 주실래요?

Can you call me back?

409. 회의 참석하실 예정인가요?

Are you going to the meeting?

410. 직장 구하려고 하나요?

Are you trying to get a job?

큰 소리로 읽으면서 답을 맞춰 봅시다.

총 100문장 중 80문장 이상 맞히시면 다음 과정으로 넘어가세요.

411. 식사 다 했나요?

Are you done with your meal?

412. 지금 주문하실 건가요?

Are you ready to order now?

413. 저희 회사에 입사하고 싶으신가요?

Are you interested in working with us?

414. 둘러보길 원하세요?

Do you want to(wanna) look around?

415. 같이 하길 원하세요?

Do you want to(wanna) join us?

416. 운전하는 법 아시나요?

Do you know how to drive?

417. 오늘 비가 올 것 같은가요?

Do you think it will rain today?

418. 당신이 그것을 처리할 수 있을 것 같은가요?

Do you think you can handle it?

419. 오늘 두 시라고요?

Do you mean two o'clock today?

420. 오늘 밤 외식하고 싶으세요? (feel like)

Do you feel like eating out tonight?

PASSPORT 5

다음 문장을 읽고 1초 내에 바로 말할 수 있도록 훈련해 봅시다.

421. 혹시 오늘 특별히 할 일 있나요?

....

422. 혹시 돈을 절약할 좋은 생각 있나요?

....

423. 혹시 수업에 대해 질문 있나요?

....

424. 혹시 그것에 대해 문제 있나요?

....

425. 제가 연체료 지불해야 하나요?

....

426. 제가 예약해야 하나요?

....

427. 마실 것 드릴까요? (like)

....

428. 오늘 밤 뭐 하시겠어요? (like)

....

429. 다른 자리로 바꿔드릴까요? (like)

....

430. 대기자 명단에 올려드릴까요? (like)

....

큰 소리로 답을 말해 봅시다.

총 100문장 중 80문장 이상 맞히시면 다음 과정으로 넘어가세요.

431. 지금 차 좀 빼 주시겠어요? (mind)

....

432. 제가 당신 자리에 합석해도 괜찮을까요? (mind)

....

433. 메시지 전해 주시겠어요? (mind)

....

434. 제가 다시 명단 체크해도 괜찮을까요? (mind)

....

435. 밖에 비가 오나요?

....

436. 여기에 주차해도 괜찮아요? (okay)

....

437. 여기에 제 가방 맡겨도 괜찮아요? (okay)

....

438. 혹시 남은 음식 있나요?

....

439. 혹시 이해 못하는 사람 있나요?

....

440. 혹시 그 밖에 그 질문에 답할 수 있는 사람 있나요?

....

PASSPORT 5

다음 문장을 읽고 1초 내에 바로 말할 수 있도록 훈련해 봅시다.

421. 혹시 오늘 특별히 할 일 있나요?

Do you have any special plans for today?

422. 혹시 돈을 절약할 좋은 생각 있나요?

Do you have any good ideas to save money?

423. 혹시 수업에 대해 질문 있나요?

Do you have any questions about the class?

424. 혹시 그것에 대해 문제 있나요?

Do you have any problems with that?

425. 제가 연체료 지불해야 하나요?

Do I have to pay late fees?

426. 제가 예약해야 하나요?

Do I have to make a reservation?

427. 마실 것 드릴까요?

Would you like a drink?

428. 오늘 밤 뭐 하시겠어요?

Would you like to do something tonight?

429. 다른 자리로 바꿔드릴까요?

Would you like to find other seats?

430. 대기자 명단에 올려드릴까요?

Would you like to be placed on the waiting list?

큰 소리로 읽으면서 답을 맞춰 봅시다.

총 100문장 중 80문장 이상 맞히시면 다음 과정으로 넘어가세요.

431. 지금 차 좀 빼 주시겠어요?

Would you mind moving your car now?

432. 제가 당신 자리에 합석해도 괜찮을까요?

Do you mind if I share your table?

433. 메시지 전해 주시겠어요?

Would you mind taking a message?

434. 제가 다시 명단 체크해도 괜찮을까요?

Do you mind if I check out the list again?

435. 밖에 비가 오나요?

Is it raining outside?

436. 여기에 주차해도 괜찮아요?

Is it okay if I park here?

437. 여기에 제 가방 맡겨도 괜찮아요?

Is it okay if I leave my bag here?

438. 혹시 남은 음식 있나요?

Is there any food left?

439. 혹시 이해 못하는 사람 있나요?

Is there anyone who doesn't understand?

440. 혹시 그 밖에 그 질문에 답할 수 있는 사람 있나요?

Is there anyone else who can answer the question?

PASSPORT 5

다음 문장을 읽고 1초 내에 바로 말할 수 있도록 훈련해 봅시다.

441. 당신이 좋아하는 영화는 무엇인가요?

....

442. 영어를 배우는 가장 좋은 방법은 무엇인가요?

....

443. 버스로 서울역 가는 가장 좋은 방법은 무엇인가요?

....

444. 그건 무슨 뜻인가요?

....

445. 새로운 직장에 대해 어떻게 생각하나요?

....

446. 왜 그렇게 화났나요?

....

447. 왜 나에게 전화했나요?

....

448. 만일 아무도 파티에 안 오면 어떻게 되나요?

....

449. 무슨 일로 여기 있나요?

....

450. 왜 그렇게 전화를 하는 데 오래 걸렸나요?

....

큰 소리로 답을 말해 봅시다.

총 100문장 중 80문장 이상 맞히시면 다음 과정으로 넘어가세요.

451. 일본으로 가는 다음 비행기는 몇 시인가요?

....

452. 항상 몇 시에 일어나시나요?

....

453. 그 밖에 한국은 뭐로 유명한가요?

....

454. 그 밖에 알고자 하는 것 있으세요?

....

455. 어떤 종류의 음식을 좋아하세요?

....

456. 어떤 종류의 방을 찾고 계신가요?

....

457. 당신은 잠시 쉬는 거 어때요?

....

458. 당신은 여기서 일하는 거 어때요?

....

459. 그가 내게 전화 못 하면 어쩌지?

....

460. 내일 비가 오면 어쩌지?

....

PASSPORT 5

다음 문장을 읽고 1초 내에 바로 말할 수 있도록 훈련해 봅시다.

441. 당신이 좋아하는 영화는 무엇인가요?

What is your favorite movie?

442. 영어를 배우는 가장 좋은 방법은 무엇인가요?

What is the best way to learn English?

443. 버스로 서울역 가는 가장 좋은 방법은 무엇인가요?

What is the best way to Seoul Station by bus?

444. 그건 무슨 뜻인가요?

What do you mean by that?

445. 새로운 직장에 대해 어떻게 생각하나요?

What do you think of the new office?

446. 왜 그렇게 화났나요?

What makes you so angry?

447. 왜 나에게 전화했나요?

What made you call me?

448. 만일 아무도 파티에 안 오면 어떻게 되나요?

What happens if nobody comes to the party?

449. 무슨 일로 여기 있나요?

What brings you here?

450. 왜 그렇게 전화를 하는 데 오래 걸렸나요?

What took you so long to call?

큰 소리로 읽으면서 답을 맞춰 봅시다.

총 100문장 중 80문장 이상 맞히시면 다음 과정으로 넘어가세요.

451. 일본으로 가는 다음 비행기는 몇 시인가요?

What time is the next flight to Japan?

452. 항상 몇 시에 일어나시나요?

What time do you usually wake up?

453. 그 밖에 한국은 뭐로 유명한가요?

What else is Korea famous for?

454. 그 밖에 알고자 하는 것 있으세요?

What else do you want to know?

455. 어떤 종류의 음식을 좋아하세요?

What kind of food do you like?

456. 어떤 종류의 방을 찾고 계신가요?

What kind of room are you looking for?

457. 당신은 잠시 쉬는 거 어때요?

What about a break?

458. 당신은 여기서 일하는 거 어때요?

What about working here?

459. 그가 내게 전화 못 하면 어쩌지?

What if he can't call me?

460. 내일 비가 오면 어쩌지?

What if it rains tomorrow?

PASSPORT 5
다음 문장을 읽고 1초 내에 바로 말할 수 있도록 훈련해 봅시다

461. 모자를 쓰고 있는 저 남자는 누구인가요?

....

462. 당신이 좋아하는 배우는 누구인가요?

....

463. 누가 이거 지불할 거죠?

....

464. 누가 내 대신 운전할 거죠?

....

465. 누가 공항으로 갈 거죠?

....

466. 한잔 더 할 사람?

....

467. TV 볼 사람?

....

468. 당신은 누구를 찾고 있나요?

....

469. 당신은 누구에게 말하기를 원하나요?

....

470. 당신은 누구에게 전화하기를 원하나요?

....

큰 소리로 답을 말해 봅시다.

총 100문장 중 80문장 이상 맞히시면 다음 과정으로 넘어가세요.

471. 고기와 생선 중 어느 것을 더 좋아하세요?

....

472. 금요일과 토요일 중 어느 것을 더 좋아하세요?

....

473. 어느 것이 더 큰가요?

....

474. 엘리베이터가 어느 쪽인가요?

....

475. 오늘 날씨는 어때요?

....

476. 어젯밤 파티 어땠나요?

....

477. 제가 어떻게 그를 만날 수 있나요?

....

478. 제 티셔츠 어때요? (like)

....

479. 커피 어떻게 해 드릴까요?

....

480. 어떻게 결제해 드릴까요?

....

PASSPORT 5

다음 문장을 읽고 1초 내에 바로 말할 수 있도록 훈련해 봅시다.

461. 모자를 쓰고 있는 저 남자는 누구인가요?

Who is that man wearing a hat?

462. 당신이 좋아하는 배우는 누구인가요?

Who is your favorite actor?

463. 누가 이거 지불할 거죠?

Who is going to pay for this?

464. 누가 내 대신 운전할 거죠?

Who is going to drive for me?

465. 누가 공항으로 갈 거죠?

Who is going to the airport?

466. 한잔 더 할 사람?

Who wants another drink?

467. TV 볼 사람?

Who wants to watch TV?

468. 당신은 누구를 찾고 있나요?

Whom are you looking for?

469. 당신은 누구에게 말하기를 원하나요?

Whom do you want to talk to?

470. 당신은 누구에게 전화하기를 원하나요?

Whom do you want to call?

큰 소리로 읽으면서 답을 맞춰 봅시다.

총 100문장 중 80문장 이상 맞히시면 다음 과정으로 넘어가세요.

471. 고기와 생선 중 어느 것을 더 좋아하세요?

Which do you like better, meat or fish?

472. 금요일과 토요일 중 어느 것을 더 좋아하세요?

Which do you like better, Friday or Saturday?

473. 어느 것이 더 큰가요?

Which one is bigger?

474. 엘리베이터가 어느 쪽인가요?

Which way is the elevator?

475. 오늘 날씨는 어때요?

How is the weather today?

476. 어젯밤 파티 어땠나요?

How was the party last night?

477. 제가 어떻게 그를 만날 수 있나요?

How can I meet him?

478. 제 티셔츠 어때요?

How do you like my shirts?

479. 커피 어떻게 해 드릴까요?

How would you like your coffee?

480. 어떻게 결제해 드릴까요?

How would you like to pay?

PASSPORT 5

다음 문장을 읽고 1초 내에 바로 말할 수 있도록 훈련해 봅시다.

481. 제가 당신에게 몇 번이나 말해야 하나요?

....

482. 당신은 서울에서 몇 년이나 계셨나요?

....

483. 당신은 얼마나 시간이 필요하나요?

....

484. 공원까지 얼마나 걸리나요?

....

485. 신용카드 받는 데 얼마나 걸릴까요?

....

486. 얼마나 자주 외식하시나요?

....

487. 언제쯤 그거 돌려받을 수 있나요?

....

488. 몇 시까지 하시나요?

....

489. 커피 한잔 더 어때요?

....

490. 창가 옆에 앉는 거 어때요?

....

큰 소리로 답을 말해 봅시다.

총 100문장 중 80문장 이상 맞히시면 다음 과정으로 넘어가세요.

491. 어째서 그렇게 화가 났나요?

....

492. 어째서 여전히 자고 있나요?

....

493. 어째서 그녀와 헤어졌나요?

....

494. 어째서 우리는 만난 적이 없나요?

....

495. 어째서 작동을 안 하나요?

....

496. 그를 방문하기 가장 좋은 시기는 언제인가요?

....

497. 마지막으로 그녀를 본 게 언제인가요?

....

498. 어디가 가장 가까운 주유소인가요?

....

499. 그것 다시 한 번 해 보는 거 어떤가요? (Why)

....

500. 잠시 쉬는 것 어떤가요? (Why)

....

PASSPORT 5

다음 문장을 읽고 1초 내에 바로 말할 수 있도록 훈련해 봅시다

481. 제가 당신에게 몇 번이나 말해야 하나요?

How many times do I have to tell you?

482. 당신은 서울에서 몇 년이나 계셨나요?

How many years have you been in Seoul?

483. 당신은 얼마나 시간이 필요하나요?

How much time do you need?

484. 공원까지 얼마나 걸리나요?

How long does it take to the park?

485. 신용카드 받는 데 얼마나 걸릴까요?

How long will it take to get a credit card?

486. 얼마나 자주 외식하시나요?

How often do you eat out?

487. 언제쯤 그거 돌려받을 수 있나요?

How soon can I get it back?

488. 몇 시까지 하시나요?

How late do you open?

489. 커피 한잔 더 어때요?

How about another cup of coffee?

490. 창가 옆에 앉는 거 어때요?

How about sitting next to the window?

큰 소리로 읽으면서 답을 맞춰 봅시다.

총 100문장 중 80문장 이상 맞히시면 다음 과정으로 넘어가세요.

491. 어째서 그렇게 화가 났나요?

How come you are so angry?

492. 어째서 여전히 자고 있나요?

How come you are still sleeping?

493. 어째서 그녀와 헤어졌나요?

How come you broke up with her?

494. 어째서 우리는 만난 적이 없나요?

How come we never met?

495. 어째서 작동을 안 하나요?

How come it's not working?

496. 그를 방문하기 가장 좋은 시기는 언제인가요?

When is the best time to visit him?

497. 마지막으로 그녀를 본 게 언제인가요?

When was the last time you saw her?

498. 어디가 가장 가까운 주유소인가요?

Where is the nearest gas station?

499. 그것 다시 한 번 해 보는 거 어떤가요?

Why don't you try it again?

500. 잠시 쉬는 것 어떤가요?

Why don't you take a break?

▷▷ 필수 기초 불규칙동사

현재형	의미	과거형	완료형	진행형
be (am, is, are)	~이다, 있다	was (were)	been	being
become	~가 되다	became	become	becoming
begin	시작하다	began	begun	begining
break	깨다, 어기다	broke	broken	breaking
bring	가져오다	brought	brought	bringing
build	건설하다	built	built	building
buy	사다	bought	bought	buying
catch	잡다	caught	caught	catching
choose	고르다, 선택하다	chose	chosen	choosing
come	오다	came	come	coming
cost	비용이 들다	cost	cost	costing
cut	자르다	cut	cut	cutting
do	하다	did	done	doing
draw	당기다, 그리다, 인출하다	drew	drawn	drawing
drink	마시다	drank	drunk (drunken)	drinking
drive	운전하다, 몰아붙이다	drove	driven	driving
eat	먹다	ate	eaten	eating
fall	떨어지다, 하락하다	fell	fallen	falling
feel	느끼다	felt	felt	feeling
fight	싸우다	fought	fought	fighting
find	찾다, 알아내다	found	found	finding
fly	날다	flew	flown	flying
forget	잊다	forgot	forgotten	forgetting
get	갖다, 얻다	got	got (gotten)	getting
give	주다	gave	given	giving
go	가다	went	gone	going
grow	자라다	grew	grown	growing
have	가지다	had	had	having
hear	듣다, 들리다	heard	heard	hearing
hide	숨기다	hid	hidden	hiding
hit	치다, 때리다	hit	hit	hitting
hold	잡다, 개최하다	held	held	hold
keep	유지하다	kept	kept	keeping
know	알다	knew	known	knowing

현재형	의미	과거형	완료형	진행형
lead	이끌다	led	led	leading
leave	떠나다, 남겨두다	left	left	leaving
lend	빌려주다	lent	lent	lending
let	시키다	let	let	letting
lose	잃다	lost	lost	losing
make	만들다	made	made	making
mean	의미하다	meant	meant	meaning
meet	만나다	met	met	meeting
misunderstand	오해하다	misunderstood	misunderstood	misunderstanding
pay	지불하다	paid	paid	paying
put	놓다, 넣다	put	put	putting
read	읽다	read	read	reading
ring	울리다	rang	rung	ringing
run	뛰다, 달리다	ran	run	running
say	말하다	said	said	saying
see	보다	saw	seen	seeing
sell	팔다	sold	sold	selling
send	보내다	sent	sent	sending
sing	노래하다	sang	sung	singing
sit	앉다	sat	sat	sitting
sleep	자다	slept	slept	sleeping
smell	냄새를 내다	smelt	smelt	smelling
speak	말하다	spoke	spoken	speaking
spend	쓰다, 소비하다	spent	spent	spending
stand	서다, 참다	stood	stood	standing
swim	수영하다	swam	swum	swimming
take	취하다, 가져가다	took	taken	taking
teach	가르치다	taught	taught	teaching
tell	말하다	told	told	telling
think	생각하다	thought	thought	thinking
throw	던지다	threw	thrown	throwing
understand	이해하다	understood	understood	understanding
wear	입다	wore	worn	wearing
win	이기다	won	won	winning
write	쓰다	wrote	written	writing

▷▷ 문장을 이어 주는 **접속사**

부사 의미				형용사 의미	명사 의미
시간	이유	조건	반대	that	what
After	Since	If	Though	**that**+주어+동사	**what**+주어+동사
~한 후에	~ 때문에	만약 ~라면	~해도	~한	~하는 것
Before	Because	Unless	Although		
~하기 전에	~ 때문에	만약 ~아니라면	~해도		
When	As	Only if	Even if		
~할 때	~ 때문에	~해야만	~해도		
Whenever	so ~ that	In case	Even though		
~할 때마다	너무 ~해서 ~하다	혹시 ~할 경우	~해도		
While		Whether (or not)	While		
~하는 동안		~인지 아닌지	~하는 반면		
Until			Whereas		
~할 때까지			반면에~		
Since					
~한 이후로 쭉					
as soon as					
~하자마자					
as long as					
~하는 기간 동안					

문법 시제

I 기본 시제

1 현재형: ~해
 *study: 공부해

2 과거형: ~했어
 *studied: 공부했어

3 미래형: ~할 거야
 *will study: 공부할 거야

II 진행 시제

4 현재 진행형: 지금 ~하고 있어
 *be(현재형) + studying: 공부하고 있어

5 과거 진행형: 그때 ~하고 있었어
 *be(과거형) + studying: 공부하고 있었어

6 미래 진행형: ~하고 있을 거야
 *will be + studying: 공부하고 있을 거야

III 완료시제

7 현재 완료형: (지금까지) ~해 왔어
 *have + studied: (지금까지) 공부해 왔어

8 과거 완료형: (그때까지) ~해 왔어
 *had + studied: (그때까지) 공부해 왔어

9 미래 완료형: (언제) ~해 왔을 거야
 *will have + studied: (언제) 공부해 왔을 거야

IV 완료 진행 시제

10 현재 완료 진행형: (지금까지) ~하고 있어
 *have + been + studying: (지금까지) 공부하고 있어

11 과거 완료 진행형: (그때까지) ~하고 있었어
 *had + been + studying: (그때까지) 공부하고 있었어

12 미래 완료 진행형: (언제) 공부해 오고 있을 거야
 *will have been + studying: (언제) 공부해 오고 있을 거야

대과거

1 현재 (동사 원형)

2 과거 (동사 원형 + ed)

3 미래 (will + 동사 원형)

4 현재 진행형
(be(현재형) + 동사 원형 + ing)

5 과거 진행형
(be(과거형) + 동사 원형 + ing)

6 미래 진행형
(will + be + 동사 원형 + ing)

7 현재 완료형
(have + 동사 원형 + ed)

8 과거 완료형
(had + 동사 원형)

9 미래 완료형
(will + have + 동사 완료형)

10 현재 완료 진행형
(have + been + 동사 원형 + ing)

11 과거 완료 진행형
(had + been + 동사 원형 + ing)

12 미래 완료 진행형
(will have been + 동사 원형 + ing)

▷▷ 배운 영어 표현 **총정리**

answer the question	질문에 대답하다
apply for the job	(그 직장에) 지원하다
arrive in / from	~에 / ~로부터 도착하다
ask a question	질문을 하다
be (on the phone / away, out/ ready / interested in / done / sure)	통화하다 / 밖에 있다, 나가다 / 준비하다 관심 있다 / 끝내다 / 확신하다
borrow	빌리다
break up with	헤어지다
bring	가져오다, 데리고 오다
buy (the ticket / a car)	표를 / 차를 사다
call (the police)	전화하다 / 경찰을 부르다
cancel	취소하다
change my mind	마음을 바꾸다
check the list	리스트를 작성하다
check an email	이메일을 체크하다
check in	체크인하다
check out	체크아웃하다
clean the room	방을 청소하다
close the window	창문을 닫다
collect	모으다
come from	~ 출신이다
cook	요리하다
cross the street	길을 건너다
do (the laundry / exercise / business / a paper / one's homework)	빨래하다 / 운동하다 / 사업하다 리포트 쓰다 / 숙제 하다
dress up	완전히 차려입다
drop by	잠깐 들르다
drink (juice / water / coke)	주스를 / 물을 /콜라를 마시다
drive	운전하다
eat (breakfast / lunch / dinner)	아침을 / 점심을 / 저녁을 먹다
feel like	~하고 싶다
fill out this form	이 양식을 작성하다
find	찾다, 발견해 내다
finish one's homework	숙제를 마치다
fix my car	내 차를 수리하다
fly away	멀리 날아가다
get (a call / an email / a discount / a visa / a message)	전화를 / 이메일을 / 할인을 비자를 / 메세지를 받다
get (a ticket / a job / a cold)	딱지를 떼다 / 취직하다 / 감기 걸리다

get angry / ready / hungry	화내게 되다 / 준비 되다 / 배고프게 되다
get (on / off) the bus	버스를 타다 / 내리다
get (there / downtown)	그곳에 / 시내에 도착하다
get over it	그것을 극복하다
get up	일어나다
go (home / abroad / out with / for lunch / away)	집에 가다 / 외국으로 가다 / ~와 데이트하러 가다 점심 먹으러 가다 / 멀리 가다
go (to school / to church / to the movies / to the doctor / to bed)	등교하다 / 예배 보다 / 영화 보러 가다 진료 받다 / 자러 가다
go (fishing / shopping / camping)	낚시하러 / 쇼핑하러 / 캠핑하러 가다
go on (a picnic / a date / a trip / a honeymoon / a diet)	소풍 / 데이트 / 여행 신혼여행 가다 / 다이어트하다
go (up / down) the mountain	산을 올라 / 내려가다
go for it	해내다
graduate from	~를 졸업하다
give the flower	꽃을 주다
hand in	제출하다
handle	처리하다, 다루다
hang up	전화를 끊다
happen	발생하다
have (breakfast / lunch / dinner / a meal)	아침 / 점심 / 저녁 / 식사를 하다
have (a walk / a seat / a drink / a cold / a party / a meeting)	산책하다 / 자리에 앉다 / 음료수를 마시다 감기 걸리다 / 파티를 열다 / 회의를 열다
have (fun / a good time / a problem)	재미있게 보내다 / 문제가 있다
have (no idea / no time / no money)	모르다 / 시간이 없다 / 돈이 없다
hear (the news / of you / from you)	소식을 / 당신 소식을 / 당신으로부터 듣다
help out my friend	내 친구를 돕다
introduce	소개하다
join	함께하다, 가입하다
know	알다
laugh at	~를 비웃다
learn the language	언어를 배우다
leave for	~를 향해 떠나다
let	~를 하게 하다
like	좋아하다
listen to the radio	라디오를 듣다
live (with / in)	~와 / 에서 살다
look (for / at / over)	~를 찾다 / ~를 바라보다 / ~를 훑어보다
lose weight	몸무게를 줄이다

make (coffee / tea / cheese cake / sauce)	커피를 / 차를 / 치즈 케이크를 / 소스를 만들다
make (money / a promise / a living / a list / a plan)	돈을 벌다 / 약속을 하다 / 생계유지를 하다 목록을 작성하다 / 계획을 짜다
make up the time	시간을 보충하다
make a reservation	예약하다
marry the girl	그 소녀와 결혼하다
mean	뜻하다, 의미하다
meet	만나다
mind	~을 꺼리다
miss the bus	버스를 놓치다
move (the desk / in / out)	책상을 옮기다 / 이사 오다 / 이사 가다
need	필요하다
open the door	문을 열다
order	주문하다
park	주차하다
pass (by / away)	~을 스쳐 지나가다 / 사망하다
pay for the ticket	그 표를 사다
pick up (my visa / my friend)	비자를 찾아가다 / 친구를 태우다
plan	계획을 짜다
play (tennis / baseball / the piano / the violin / (the) guitar)	테니스 / 야구를 하다 / 피아노를 치다 바이올린을 켜다 / 기타를 치다
prefer	~를 더 선호하다
prepare for the test	시험을 준비하다
pull over to the corner	코너에 차를 세우다
put the bag	가방을 놓다
put on (a hat / glasses / a shirt)	모자 / 안경을 쓰다 / 셔츠를 입다
quit smoking	담배를 끊다
rain	비가 오다
reach	연락이 닿다
read (the book / the newspaper)	책을 / 신문을 읽다
run (business / away)	사업을 운영하다 / 멀리 도망가다
save money	돈을 아끼다
say to him	그에게 말하다
say hello to	안부 전하다
send	보내다
see him	그를 보다 / 그와 사귀다
share	공유하다, 합석하다
show	보여주다
sign up	등록하다

sing a song	노래하다
sit (on the chair / up / down)	의자에 앉다 / 밤새우다 / 앉다
speak to	~에게 말하다 / 통화하다
stand up	일어서다
start the test	시험을 시작하다
stop (by / smoking)	잠시 들르다 / 담배를 끊다
study (English / Chinese / Korean)	영어를 / 중국어를 / 한국어를 공부하다
take (a taxi / a test, an exam / a photo, a picture / a bath / a shower)	택시를 잡다 / 시험을 치르다 사진을 찍다 / 목욕하다 / 샤워를 하다
take (a class, a lesson / a walk / medicine / a message / a holiday)	수업을 받다 / 산책하다 약을 복용하다 / 메시지를 받다 / 휴가를 얻다
take (a break / a nap / a trip / exercise)	잠시 쉬다 / 낮잠을 자다 / 여행을 가다 / 운동하다
take off your coat	당신의 코트를 벗다
talk (about / to / with / on the phone)	~에 대해서 / ~에게 / ~와 함께 말하다 / 통화하다
teach (the dog / history)	개를 훈련하다 / 역사를 가르치다
tell him	그에게 말하다
think (of / about / over)	~을 / ~ 대해서 / 곰곰이 생각하다
transfer	옮기다, 갈아타다
try (the job / on the shoes)	그 직업을 해 보다 / 신발을 신어 보다
turn (up / down / on / off) the TV	TV 소리를 크게 하다 / 작게 하다 / TV를 켜다 / 끄다
use	사용하다
understand	이해하다
visit the house	그 집을 방문하다
wait for me	나를 기다리다
wake up	일어나다, 기상하다
walk away	멀리 걸어가다
want	원하다
wash (my face / my car / the dishes)	세수하다 / 세차하다 / 설거지하다
watch (TV / the game / a movie / out for cars)	TV를 / 게임을 / 영화를 보다 / 차를 조심하다
wear (a hat / glasses / shoes)	모자 / 안경을 쓰다 / 신발을 신다
work (overtime / out / for the company)	야근을 하다 / 운동하다 / 회사에서 일하다
write (a letter / down)	편지를 쓰다 / 받아적다

BORDER CONTROL ( )
전치사/시제
01 -08 - 2015
PASS
3 MONTHS

PASSPORT CONTROL
ENTRY
2014 - 01 - 01
동사/조동사 **PASS**
INTERNATIONAL
AIRPORT

15
EXIT
KENYA
의문사/Be동사
11 . 12 2014
PASS
JKIA – NAIROB

IMMIGRATION OFFICER
접속사/길게말하기
PASS

DEPARTMENT OF HOMLAND SECURITY US CUSTOMS AND BORDER PROTECTION
ADMITTED
문장활용하기
PASS

Certificate of Completion

This is to acknowledge that

_____
(Name)

has completed

일빵빵 입·에·달·고·사·는 **기초영어**

held on ——————————
(Date)

토마토
출판사